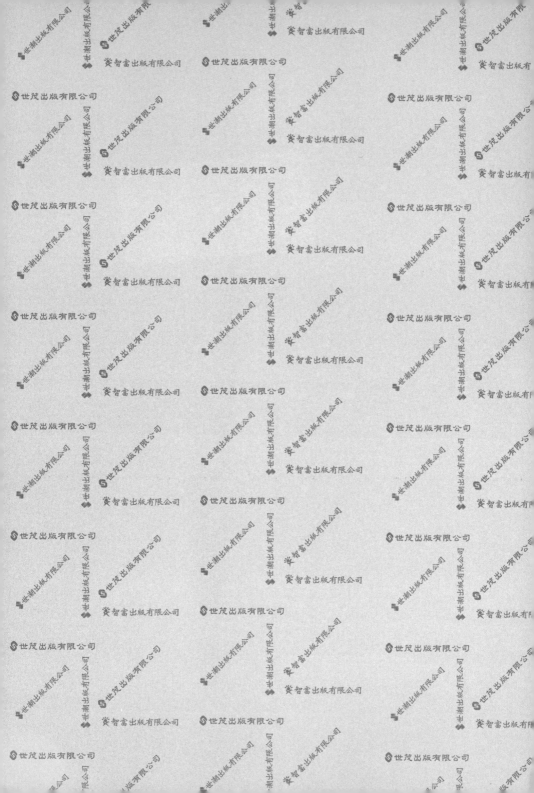

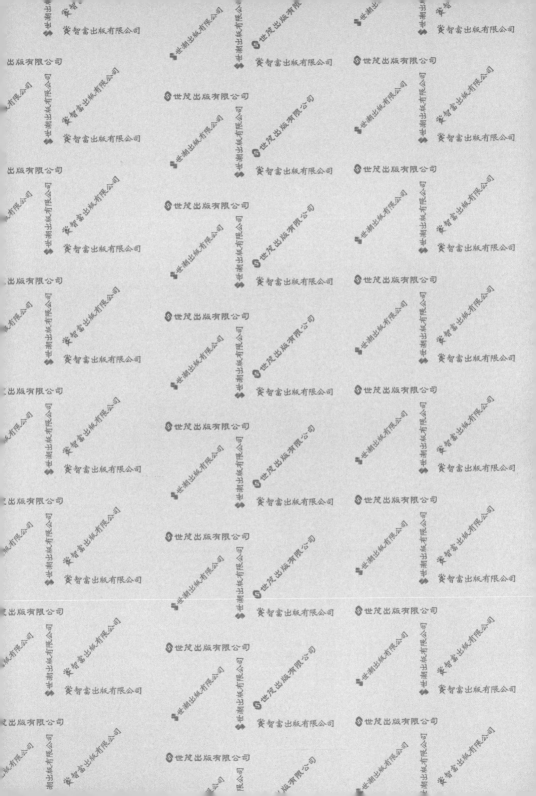

Raising a thinking preteen:
The "I can problem solve"
program for 8-to-12-year-olds.

Myrna B. Shure

培養孩子的
問題解決力

米娜‧舒爾◎著

張美智◎譯

||目錄||

‖ 序 ‖

本書緣起於我和我朋友兼啟蒙者喬治·史匹瓦克進行的獨創性研究，他是與我共事超過二十年的工作夥伴。本書是以我在多所學校研究青少年所獲致的成果，以此為基礎所發想的，此項研究由美國國家心智健康研究中心 (National Institute of Mental Health) 資助部分經費（經費編號為 MH-27741及 MH-35989）。我確信無論父母收入水準如何，他們都能幫助孩子盡早於三歲時，用自己的方法順利解決日常生活中所發生的問題，而無數三至七歲孩子的家長在嘗試過我的第一本書《培養會思考的小孩》(Raising a Thinking Child) 中所介紹的「我能解決問題」的方法後反應極為熱烈。受到這種現象的鼓舞，於是，我決定將這種解決問題的方法更進一步推廣讓家中有正處於重要階段，青春期之前孩子的家長知道。我在漢尼門大學 (MCP Hahnemann University) 的一位學生更開始以極具創意的方式從《我能解決問題》(I Can Problem Sove) 的中年級學校練習手冊上改編了許多課程遊戲，供一位屬於該年齡族群的孩子在家使用。繼這個孩子之後，很快就有其他許多孩子也對這些遊戲及活動極為喜愛，我也因此被鼓勵將這些想法進一步擴展，並為這些父母設計出一套完整的訓練計劃，而這些努力的成果就集結在本書內。

這麼多年來，我之所以能持續從事這份工作也是因為受到不少人的感動。在伊利諾州，有一支由肯恩郡及杜佩基郡的教育工作者及其他專業人士所組成的「我能解決問題」任務小組，他們定期開會分享想法、資訊、及資源。珊卓拉是伊利諾州惠頓市杜佩基郡衛生局的社區資源顧問，她一直熱心地告知我有關傳統家庭、寄養家庭與重組家庭 (blended family) 以及

那些被法院轉介的人對珊卓拉他們工作的反應。這種解決問題的方法對年齡超過七歲的孩子也極為受用，這點由伊利諾州納波威爾郡的米爾街學校新增了許多「我能解決問題的人」即可獲得印證，該校的校長本身就是一位「我能解決問題」的訓練者，因此非常支持她的社工人員瑞貝卡成為該校的家長訓練員。也有些人是先對較年幼孩子的老師及家長使用「我能解決問題」的方法，接著再擴展至青春期之前的孩子，這些人包括伊利諾州心理健康協會 (Mental Health Association) 的防治專員、喬治亞州亞特蘭大市阿瑪迪領導夥伴 (Amadi Leadership Associates) 的教育顧問、喬治亞州全國心理健康協會 (National Mental Health Association of Georgia) 的校內計劃主任、賓州費城的教育專員，以及佛羅里達州那帕勒斯市科利爾郡心理健康協會的前任計劃專員。

邦妮是位於佛羅里達州戴德郡的一所公立學校的心理輔導師，她主要負責與較年幼孩子的老師及家長合作，最近則將心力集中在有特殊需求的孩童身上。我得知她的博士論文受到之前任教於邁阿密心理學院 (Miami Institute of Psychology) 教授的支持，感到很振奮，這篇論文證明了讓家中有注意力不足過動症（Attention Deficit Hyperactivity Disorder，簡稱 ADHD）孩童的父母來使用「我能解決問題」的策略，可讓這些孩子的行為產生大幅的改變，而邦妮現在更成功地將「我能解決問題」的方法應用在有其他特殊需求的孩子身上。

但如果「我能解決問題」的理念，不能被那些有能力加以實現的人接受為一種處理孩子行為的方法，我們即無法將其提供給更多家庭。我希望感謝研究出版社 (Research Press) 的總經理安‧溫德以及行銷總監羅素‧便士，他們率先出版了我專為學校所設計的「我能解決問題」訓練計劃（我藉此設計了

與家長有關的內容）。我很感激他們繼續支持我將「我能解決問題」擴展至家庭，並允許我在第四章中加入「無厘頭短劇」以及在第七章中加入「今天『我能解決問題』了嗎？」的圖表。我也對安妮‧馬特席克在第三章及第五章中生動的插圖以及十一歲的安娜‧海布倫在第六章中創作的圖畫致上深切的謝意。

另外，我也要感謝我的經紀人琳恩‧塞格曼對本書的內容有信心並致力於實現，她不但鼓勵我完成手稿，也將我引介給本書合著者羅貝達‧伊斯萊羅夫，若沒有她的協助，本書絕無法順利面市。羅貝達則讓我感到安心，並協助我正確地思考，還幫忙修飾我的文字及想法，使其更通暢易讀。

而等到手稿送到我的編輯辛西亞‧瓦丹手上時，就是由她負責將其進一步加以潤飾，成果也超出我們的預期。和我第一本寫給三至七歲孩子的父母的書《培養會思考的小孩》一樣，辛西亞也以同樣的才華與敏銳度潤飾了這份手稿。與辛西亞合作的愉快經驗是驅使我大膽投入這項新嘗試的重要因素。另外我也要特別感謝亨利賀特出版社 (Henry Holt) 中每一位熱誠地協助我完成本書並深信本書可協助有青春期之前孩子的家庭：總經理及發行人約翰‧史特林；副總經理暨業務與行銷總監、宣傳總監以及執行編輯。我也想感謝編輯以及兩位助理編輯、出版編輯，由於他們對我的協助與耐心，本書最後才能順利付梓。

最重要的一點，我希望對合作過的孩子及他們的父母表達謝意，他們啟發了我許多想法，本書才能大功告成。本書的幕後功臣還包括一群不屬於我研究計劃中的孩子，讀者不可能從他們的想法或故事中指認出他們的姓名，但由於他們提供了我有關小孩對許多事物的想法與感受的重要見解，因此值

得特別的肯定，他們包括：Farrah Ferguson、Kelli Ferguson、Anna Heilbrun、Alexia Houser、Kimberly Kane、Ben Katz、Elizabeth Katz、Matt Makransky、Maura Mullaney、Gabriela Laufman Kogut、Gaby Nolan、Kyle Nolan、Maxi Prinsen、Abby Shore、Scott Shore以及Bradley Zappala。以上幾位孩子以及那些在過去幾年來參與我研究計劃的人都提供了我全新的見解，讓我重新思考世界上真正重要的事物。我從他們身上學到的遠比他們有可能從我這裡學到的還要多。

米娜・舒爾

　　我希望感謝米娜・舒爾讓我們合作的過程充滿愉快而輕鬆的經驗，也要謝謝她讓我自己的獨立思考技巧變得更敏銳；謝謝辛西亞・瓦丹精確的眼力；琳恩・塞格曼的遠見與獨到見解；以及大衛、班、傑克支持我，並在一路上跟我一起摸索每一個步驟。

羅貝達・伊斯萊羅夫

‖ 前言 ‖

　　當我在寫作我的第一本書《培養會思考的小孩》時，我不敢確定家中有三至七歲這種極年幼孩子的家長是否將如我所預期，認為「我能解決問題」的方法對他們有幫助。結果我得到極為熱烈的迴響！該書不僅是一九九六年家長評選大獎(Parents'Choice Award) 的得主，而且還有許多家長寫信給我，告訴我當他們看到自己年幼的孩子學會預先思考及獨立解決問題時，他們有多麼地高興及驚訝。

　　當孩子能夠自行解決問題，他們的行為也會以正面的方式改變，而遵循「我能解決問題」方法的父母也會注意到孩子的問題行為消失了。而且還有其他許多的改變。

- 我的兒子現在不再那麼怕生。他已經學會如何加入人群，而不再逃離他們。
- 我的女兒不再只考慮自己。現在她已經會關心其他人對事物的感受。
- 我原先不認為「我能解決問題」適合我。過去我喜歡向兒子說明應該做某些事情的原因。但我們現在更尊重彼此了。過去當我試著跟他說話時，他都會轉頭就走。但現在我們會傾聽彼此的想法。

最讓人欣慰的是父母發現他們和孩子一起改變了。

- 在使用「我能解決問題」之前，我希望我的孩子學會守規矩。現在我卻對於她能夠學會自行做出正確的決定而感到高興。

- 剛開始我很擔心讓他自己做決定。現在我更信任他做出正確決定。
- 這種方法讓我反思自己的行為。
- 我明白，我並不是唯一有問題的人。現在我也更瞭解孩子的問題。
- 現在我了解孩子的感受，而且孩子也了解他自己。
- 過去我都誤以為幫孩子做決定是在保護他。現在我瞭解，讓他自行做決定才更能保護他。

　　正如各位將看到的，「我能解決問題」不僅能幫助孩子更清楚地思考，也能強化親子關係、建立信任，並能讓親子雙方都更有信心。

　　如果能夠讓孩子在很小的時候就學會解決問題，未來也將能持續下去。不過，隨著孩子成長，他們的決策能力也勢必將受到新挑戰。舉例來說，一個學齡前的孩子如果能使用「我能解決問題」來解決與朋友之間的爭執，隨著她長大，將必須學習更多抽象的技巧，才有辦法面對她將遭遇的典型問題，譬如：如何處理被朋友背叛時的情況。

　　這也是為什麼我決定要著手寫這本書的原因。在本書中，我將說明較年長的孩子能夠如何使用「我能解決問題」的技巧來解決他們在學校、家中以及同儕間將遭遇的各種情況。本書會將《培養會思考的小孩》中所介紹的技巧更進一步擴展，並加入經由我研究證實能夠指引孩子行為的新技巧。

　　幸運的是，「我能解決問題」的方法極方便好用，而且能被應用在小學以及學齡前的階段。事實上，青春期前是極特殊的人生階段，也提供家人一個不可多得的獨特機會。這幾年剛好是一般青春期叛逆開始的前夕，一旦進入青春期，父母可

能就會覺得更難以和孩子溝通了。

　　無論各位是否具有使用「我能解決問題」的經驗，或是第一次使用，本書都將證實其珍貴的價值，並幫助各位解答這個疑問：「我的孩子如何才能學會解決他現在及未來將面對的問題？」

　　只要有心成為「我能解決問題」的家庭，永遠不嫌太遲。

‖ 簡介 ‖

如果你問一個家中有青春期前孩子的父母,他們最擔憂什麼,你極有可能會發現,他們有許多共同的顧慮。

- 我希望女兒能夠好好地適應中學生活,並允諾不僅乖乖上學,也能專心課業。
- 我希望兒子能交到益友,並遠離豬朋狗黨。
- 我希望女兒能夠自我節制,不會染上使用毒品及酗酒的惡習,也不會過早開始性行為,即便她的朋友有這方面的經驗。
- 我希望兒子能夠拒絕將暴力當成解決事情的手段。
- 我不希望女兒變成暴力的受害者。

孩子也有自己的擔憂。如果你問五年級的小孩,當他們想到將來有一天上中學時,他們最擔心的是什麼,他們極有可能會回答你:

- 「我很擔心會遭受霸凌。」
- 「我希望能夠保護自己。」
- 「我不希望因為壓力而使用毒品。」

隨著我一一舉出各種希望及擔憂的事物,貫穿其中的想法變得很明確。父母對孩子的期望以及孩子對自己的期望——是有辦法做出正確的決定,並解決與同儕、老師或父母間的衝突。

隨著孩子接近青少年時期,能夠幫助孩子對自己的人

生做出正確決定的是什麼？不是那些口號。他們瞭解，類似「拒絕毒品」那種片面之詞在他們最需要幫助時並無法拯救他們。我們可以拋給他們一條真正有幫助的救生索是：一套他們能夠學習且掌握的具體技巧，讓他們能從中成為優秀的問題解決高手。

以下就是這些技巧的簡要說明：

- **瞭解別人的感受及觀點**——可幫助孩子瞭解，每個人對於許多事物不盡然會有相同的想法及感受。
- **瞭解動機**——讓孩子瞭解可能有某種原因，促使其他人在某特定時刻採取某種行動，某種行為的背後可能有某些長期性的因素。
- **找出變通的解決辦法**——鼓勵孩子想出所有的選擇。
- **考量後果**——鼓勵孩子預先思考。
- **按次序規劃**——鼓勵孩子去預期潛在的阻礙並考慮時機問題（比方說，需要時間解決的問題以及某些時間比其他時間更適合採取行動）的次序性計劃。

本書的基礎即在教導這些技巧。本書提供了一些特殊活動與對話，可讓各位以一種全新的方式來回應孩子的問題，這種方式將改變你的家庭動力，並培養出快樂、自信、具備良好社交適應力與情緒智商的孩子。而且正如丹尼爾·葛雷曼在他的《情緒智商》*(Emotional Intelligence)* 一書中所清楚表達的，孩子必須能夠認知自己與其他人的感受，才有能力在學校、家中、遊戲場、以及所有人際關係中做出明智的決定。

沒有人希望自己的孩子起頭鬧事、霸凌或作弄其他人。也沒有人希望自己的孩子現在與未來成為以上這些行為的受

害者。但大部分我們的孩子發生的衝突都很正常，甚至很健康。事實上，正如琳恩‧凱茲和她的同事所指出的，這些情況有可能極具建設性。青春期前的孩子極擅於從以下意見分歧的情況中領略重要的課題：他們的朋友及熟識的人和他們對事情的想法及做法不同，對於別人採取某種行動的原因有更深入的瞭解，讓他們也隨之成長。一旦他們領悟了這種重要資訊，他們就有能力根據他們希望解決這些衝突的方法思考更多的選擇。

根據我過去二十五年以來持續的研究，解決問題的能力及健全的情緒兩者間有極為關鍵性的連結。我用以下的例子來進一步說明。

十歲的理查因為被弟弟「惹毛」而動手打了弟弟。當被問到接下來發生什麼事時，理查說：「他也打了回來，但我不在乎。」

十歲的山姆也打了自己的弟弟。而在被問到接下來發生什麼事時，他說：「他哭了起來，而我也覺得很難過。」

以上兩個男孩之間有何差異？理查是一個憤怒、具侵略性的孩子，他在學校也會霸凌班上的同學。他經常發脾氣及感到受挫，並且會不顧後果或其他人的感受而莽撞行事。山姆則適應良好，也具有足夠的社交能力。由於他能夠找到不同的方法來表達自己的感受，因此很少會對其他人動粗。但即便如此，他還是偶爾會出現情緒失控的情況。

類似山姆這樣會關心自己感受的孩子，對其他人也會表現出同理心，並有能力解決日常生活中發生的衝突，因此和理查這類不具備這種能力的孩子相較之下，他們在人際相處方面會表現得更成功、也更理想。

當孩子瞭解自己及其他人時，他們將有能力：

- 為自己所渴望的事物耐心等候
- 妥善處理無法如願時的挫折感
- 與同儕更融洽相處
- 控制自己的衝動與侵略性
- 抵抗同儕壓力

　　但是，社交與情緒能力的優勢不僅於此。瞭解自己的感受，並對其他人懷有同情心、甚至只是同理心的孩子，由於能夠感受或瞭解他人的痛苦，因此也許有能力制止自己出現攻擊行為。而且如果他們具備解決問題的技巧，他們可能也會對陷入痛苦的人伸出援手。這些孩子比較可能願意與他人分享及輪流，並表現出有益於社交活動的行為，譬如：與他人合作。優秀的問題解決者比較有韌性，也較不會在面對他人及無法解決問題時退縮。他們比較能夠堅持自己的信念，而且較不畏懼同儕的壓力。

　　就像倫納德・怡隆及洛威爾・修斯曼向我們所揭示的，沒有學會社交行為的孩子比較可能在日後變成反社會的人。由於在社交方面較畏縮的孩子並不會惹麻煩或干擾課堂活動，他們也就經常受到忽視。我們對這種類型的孩子絕不能掉以輕心。無法或是不願意表達自己的感受及解決日常問題、而且在社交方面顯得畏縮的孩子可能會隱藏自己的感受。就像坎納斯・魯賓所發表的研究結果，缺乏這些技巧可能會導致孩子在未來變得容易沮喪，或是梅爾文・李及其他人所推斷的——甚至會出現暴力行為。在社交方面的畏縮表現並不是某種會隨著成長而自然消失的特質。這些年輕人需要的正是他們怯於面對的關注。

　　本書正是為像理查這類在家中或學校難以和他人相處的

孩子所設計的，也適合像山姆這種健全地成長，但有必要精進解決問題技巧的孩子。無論孩子解決問題的技巧如何，他們總是可以改進自我、讓自己變得更好。而依據邦妮·安伯森的瞭解，「我能解決問題」對於患有注意力不足過動症（ADHD）的孩子也能提供協助，而在修改後還能被用於比理查更暴力的孩子身上。蘿絲·葛林在他極富教育性的著作《暴躁的孩子》*(The Explosive Child)* 中對此也多作描述。

　　讀完本書你將能為自己及孩子找到逐步解決衝突的計劃。

‖ 為什麼青春期之前是極為重要的一個階段？ ‖

「八歲的孩子是否還太小，而不能被視為青少年呢？」
你可能會問自己這個問題。不再是如此了。事實上，孩子現在
成長的速度比過去更為快速，而且小四或小五階段就已經不乏
許多關鍵性的經驗了。

- **生理方面**——現在的孩子比上一代成熟得較早。研究
  指出，在大約七歲的女孩身上即可察覺出青春期的第
  一次生理徵兆，而對男孩而言，則大約要晚個兩年左
  右。甚至連女孩第一次月經來潮的平均年齡都有下降
  趨勢。
- **行為及情感方面**——研究結果顯示，這方面的問題在
  小四及小五時即開始達到高峰。
- **課業方面**——和上一代比起來，現在的孩子都提早一
  或兩年的時間離開小學的保護網。結果，老師在小三
  階段就已經開始協助學生為上中學預做準備了。他們
  會指派更多較長期的作業，以便讓學生承擔更多完成
  作業的責任及學會妥善分配時間。
- **社交方面**——孩子成長到八歲時就會開始愈來愈在意
  自己的外表，也瞭解自己的同儕族群。他們感到有一
  個更為寬廣的世界正向他們展開雙手，這種前景讓他
  們躍躍欲試，也讓他們感到惶恐不安。

這段介於幼兒時期及青春期之間的歲月在一世代以前全
都被草率地視為一種「發育階段」，現在卻受到重視，而且被
認為是孩子生命中一段極關鍵性的時期。這個年齡的孩子對於

十幾歲的青少年必須面對的問題已經有很清楚的認識，他們也瞭解自己很快就將面對類似的情況——包括在學校、家中及和朋友之間。

　　而較以往更嚴重的問題是，如今年輕的孩子有時還必須面對會威脅他們未來的安全與健康的情況。舉例來說，Resposible最近由全國毒品防治計劃 P.R.I.D.E. 公司（Promoting Resposible Independence in Daily Endeavors）針對全美二十六州超過十三萬的學生所進行的調查顯示，儘管高中生毒品使用的情況已經受到控制，但是，在較年幼的孩子族群中卻有上升的趨勢：在小六至高三學生，每十人中就有一人每個月都會使用毒品。

　　由於青春期的影響力尚未完全發揮作用，青春期之前的孩子還需要好幾年的時間才會體驗到青春期自然產生的叛逆性。他們還很黏自己的父母，也很聽從師長的指引，並急需其他人的幫助。青春期之前的這幾年可能看起來像是一段極短暫的時間，但卻足以讓父母及老師發揮影響力，讓孩子變成他們期望的那種青少年。

　　這幾年也是一段神奇的時間，此時年輕人開始會有自己的主張，並且會以許多全新及刺激的方式來探索自己。根據我的同仁喬治‧史匹瓦克的研究成果，青春期前的孩子很重視自己的外表、與朋友之間的關係、學校表現以及運動能力，也會借此來評斷自己。而依我的觀察，孩子還會開始根據自己解決問題的能力來評斷自己的價值。

　　優秀的問題解決者有一種「能做」的積極態度。他們覺得自己有能力實現目標，而不會被動地等待事情降臨在自己身上。假如他們被選為足球隊上最有價值的球員，他們不會將這種結果斷定為是由於自己天賦異稟，而會將其歸功於自己勤奮

苦練的結果。假如他們在學校表現良好，他們也不會將自己的優異成績歸因於測驗簡單及老師放水，而會認清這是他們苦讀的成果。

他們能夠有優異表現的另外一個原因，可能在於他們能毫無窒礙地全心投入眼前的工作。莫里斯・伊萊斯和他的同事已經證實，學會「我能解決問題技巧」的小五生，從小學至中學的這段過渡期間所經歷的壓力較少。這些壓力包括進入新學校時的一些繁瑣的作業、適應更嚴格的課業要求、以及妥善處理同儕壓力等。這些小孩在過渡期間反而會努力不懈，並在學校爭取更佳的表現。而另一方面，艾瑞克・杜包以及約翰・堤隆克則向我們證明，有情緒障礙的小孩就難以專心在學校的課業上，而由於他們無法集中注意力，當然也就學不到什麼。這些作者還發現，解決問題的技巧可幫助這些孩子處理來自父母、老師、以及朋友的壓力，因此有助於他們在心理上感到自由，進而專心課業。以此而言，在青春期之前的階段，解決問題的技巧尤其有助於減低壓力。

但其實「我能解決問題」的有利效應，還有更為深遠的影響。如果孩子能夠掌握「我能解決問題」的技巧，他們將更有能力應付霸凌行為、維持學業與課外活動之間的平衡，而且不僅能對抗同儕的壓力，在與同儕協商及結交朋友方面也能獲得更多成功的經驗。具備「我能解決問題」能力的孩子能夠從失敗中站起來。他們瞭解該採取什麼行動以及如何完成這些行動。他們不會很快就放棄。包括由派翠西・莫里森以及安・馬斯特所完成的幾項研究結果都指出，在進入十幾歲的青少年時期之前就出現高風險行為的孩子，在十幾歲時較可能採取危及自己的安全與健康的行動。

- 一九八二年的一份研究發現，吸煙以及有叛逆行為的國一學生在升上國三之前有染上九種毒品的風險。
- 一九八七年一份針對一系列研究結果的評論指出，在青春期前的時期，孩子的侵略性及孤僻行為，被證實不僅會隨著孩子成長而持續，還能極為準確地被預測出更嚴重的問題——日後將很容易出現暴力、毒品濫用、青少年懷孕、變成中輟生以及無法保住工作等問題。

假如我們可以在孩子成長為青少年之前先教導他們如何思考自己的選擇，他們在未來的歲月中將比較不可能遭遇困難。

為了協助我們的孩子順利迎接混亂卻令人期待的青春期，我們必須幫助這些才剛學會問題解決技巧的人成為優秀的問題解決者，並幫助那些已經是「我能解決問題的人」更上一層樓。接著他們就可望在開始探索即將面臨的各種變化之前擁有所需的技巧，並從中感到安心。

正如研究結果所指出的，無論是來自都市或鄉村地區、亦或是郊區的孩子都可能出現日後會滋生問題的高風險行為。而且無論是來自貧窮或是富有的家庭、任何種族或國籍的孩子都無法倖免。

事實上，「我能解決問題」的方法已經被全美各州的許多教育當局及心理健康機構所採用，其中包括阿拉巴馬州、德拉瓦州、佛羅里達州、喬治亞州、伊利諾州、紐澤西州、賓州、田納西州、猶他州、以及維吉尼亞州等。「我能解決問題」已經被全美心理健康協會 (National Mental Health Association) 以及美國心理協會 (American Psychological

Association) 的三個任務小組認可為一種模範性主要預防計劃。最近更被全美學校心理輔導師協會 (National Association of School Psychologists)、青少年司法與犯罪防治辦公室(Office of Juvenile Justice and Delinquency Prevention)以及毒品濫用與心理健康服務管理局 (Substance Abuse and Mental Health Services Administration) 認可為一種模範性的防治計劃；這種技巧也被健康與人類服務辦公室 (Office of Health and Human Services) 的中大西洋州區域引用為前六大暴力防治計劃之一。此外，還被兒童防治計劃全國資訊交換中心的改善社會與情感學習合作學會 (Collaborative for the Advancement of Social and Emotional Learning，簡稱CASEL) 引用為促進情緒智商的方法。

由於本書強調最初的預防工作，因此能幫助孩子有不同的行為表現——因為他們將學會以不同的方式思考。本書也能對你的孩子提供協助。

第一章

孩子的行為會變得不一樣
思考方式也會改變

解決「人」的問題和解決數學問題一樣重要。

　　青春期前的孩子在身體、人際關係、情感、以及認知方面會經歷全面性的變化。令人不解的是，在這些不同領域中的改變彼此間經常不一致。因此如果你遇到一個小六生，看起來像國二學生，但行為舉止及思考方式卻像小五生，也並非不尋常的事。

　　不同的孩子對於同一個問題的處理方式也有極大的差異。我們假設有四個十二歲的小男孩。其中一個對於朋友婉拒放學後和他一起回家玩電動遊戲的邀約可能會感到被排斥。另一個則可能是那種無法接受被拒絕的孩子，結果他出現威脅朋友的反應。第三個卻可能會在面對明確的拒絕後，試著以另一種方式來誘使朋友改變心意，也因此比較不會放棄希望。而第四個可能會直接詢問他的朋友拒絕邀約的理由，並思考對方給的答案，然後利用新的資訊再度邀約。

　　小孩對類似邀約被拒這種典型的人際關係問題的反應極為重要。具備解決人際關係問題技巧的孩子比較可能健全地成長。缺乏這些技巧的孩子則可能會在日後產生人際關係方面的問題。

　　而父母對這些典型問題的反應方式也會對孩子造成影響。有些父母的反應會以正面、健全的方式指引孩子的行

為；有些則不會。在下一章，我們將探討父母處理孩子衝突的不同方式，以及他們必須怎麼做才能幫助孩子培養出特殊的問題解決技巧。

現在就讓我來介紹三個孩子以及他們在必須解決問題時各自會出現的反應。這三個孩子以及其他在本書中陸續登場的孩子都是我曾經合作過的孩子們的綜合體；但所有的情節及對話都是確實發生過的。

尼可拉斯今年十歲，他在同儕間人氣極旺。他不僅有許多放學後的玩伴，在校內也很受歡迎：他的同班同學都希望爭取他加入自己的分組作業以及球隊。他偶爾還是會發脾氣或顯露出不耐煩的神情──尤其對他八歲的妹妹，但一般來說，他還算能控制自己的怒氣。而最重要的是，他已經學會在無法遂其所願時處理自己的挫折感。

十一歲的莎拉很渴望有其他人陪她一起玩，但卻遭到同儕的排斥──她既沒有開口要求、更未獲得他們的協助。於是當她想要某種東西時，她的舉止就會變得極具攻擊性，一旦無法得逞時，她更會大發雷霆。就像蘇倫、寶拉・萊瑞德、卡拉・葛莉蒂等所形容的，這是許多具攻擊性的小女孩的典型象徵，莎拉的霸凌手法比較傾向於言語方面，而較少表現在肢體動作上。她會對其他人大吼大叫、與對方爭吵，假如對方未滿足她的希望，甚至還會威嚇對方。假若被激怒到某種程度，她也可能會以肢體動作攻擊對方。她在課堂上也經常造成干擾，並且常說謊。

唐娜則是一位非常聰明的九歲小女孩，她渴望能交到朋友、跟他們一塊兒玩。大家並不是真的討厭她──他們只不過不曉得她的存在。唐娜總是站在一旁觀看，等著這些孩子開口邀請她加入，卻不知道要如何爭取這種邀約。她很快就會放棄

並轉身離開。她的心靈卻受到了傷害。

由約翰·高、傑斯·亞珊多夫以及他們的同僚所完成的研究結果告訴我們，有些類似唐娜這種膽小、羞怯的孩子，其實並未遭到斷然拒絕，純粹只是受到忽視。他們也許是害怕和其他人相處，在課堂上被老師叫到名字時也不敢大聲回答問題。對個性靦腆的孩子來說，處境尤其困難。他們經常乾脆放棄了，而不再嘗試和其他人成功地交往、表達自己的情感以及爭取自己的權利。

在使用「我能解決問題」（I can Problem Sove，以下簡稱ICPS）的課程來訓練這些孩子及他們的父母之前，我希望評估他們在解決問題方面的技巧。為了辦到這點，我要求他們思考幾種孩子可能會遭遇的社交情況。我想知道他們在使用五種「我能解決問題」的技巧能力：①瞭解別人的感受及觀點、②瞭解動機、③找出變通的解決辦法、④考量後果、⑤按次序規劃。

🔑 ICPS技巧Ⅰ：瞭解別人的感受及觀點

由於我想瞭解孩子是否能敏銳察覺及瞭解他人的感受，以及如何辦到這點，於是我要求這三個孩子各都畫出一張裡面有兩個小孩的圖畫：一個孩子很難過、而另一個則不難過。在不提供其他進一步資料的情況下，我要求他們編造出一個有關這兩個畫中人物的故事。

尼可拉斯的故事內容大致如下：

科瑞（不難過的男孩）問伯特（難過的男孩）發生了什麼事。

伯特說：「我的小狗快死了。」

科瑞說：「我相信你的小狗會沒事的。」

伯特哭得更厲害了，然後回答：「不，牠不可能沒事。牠被一輛車碾了過去。」

「是啊，我知道，」科瑞說：「但是他們帶牠去看了一位很棒的獸醫，他正在幫牠動手術呢。」

科瑞試著想安慰他。他告訴伯特：「而且還沒嚴重到有造成任何傷害。」

但伯特仍然很難過。「但假如牠真的死了。我該怎麼辦？」

科瑞說：「首先，牠不會死的。而且，不管發生什麼事，你的家人和我都會在你身邊。所以我們現在先進到裡面，等候獸醫的通知。」

「謝謝你，科瑞。」

在這段虛構的情節裡，尼可拉斯創造出了一個能夠瞭解及同情他人感受的小男孩，即便他自己從未體驗過這方面的情緒。透過科瑞，尼可拉斯能夠從自己抽離，並專注在伯特的需求上，而不是自己的。

莎拉則畫了兩個小女孩，並用不同的方式來描述她們之間的對話：

蜜絲是個快樂的小女孩，而芭菲則很難過。芭菲告訴蜜絲：「我輸了冠軍賽。我把球丟出去，但沒人接到，也因此我們輸了這場球賽。」

蜜絲告訴她：「別擔心了。妳已經贏過一次了。」

「但這次不一樣。這次的比賽對我來說更重要。這是我在聯盟中的最後一場比賽了。」

蜜絲告訴她不要難過，她還是可以在明年贏回冠軍，接著又說：「妳是不是也不喜歡我們中午吃的那些漢堡？它們好乾喔。」

莎拉確認了芭菲難過的原因。但在她敘述的故事中，蜜絲並未聽進去有關芭菲自己還是很難過的說明——因為這是她在聯盟中的最後一場比賽了，對芭菲的說明充耳不聞，還表示芭菲明年還是可以贏回冠軍。蜜絲對於芭菲難過的情緒有閃躲的跡象，她不理會對方的說明，接著還改變話題。

唐娜則描繪了兩個小姊妹的故事。以下就是她的內容：

正在哭泣的那個小女孩是麥蒂；她今年九歲。她十二歲的姊姊麗莎故意要讓她難過，因此她跟麥蒂說，她們的父母比較愛她，而麥蒂也相信了她說的話。麥蒂將自己鎖在房間裡。她的父母試著想哄她出來吃點東西。她的父母問道：「發生什麼事了？」她回答：「麗莎說你們比較愛她，而不愛我。」
他們說：「不，不是這樣的。我們對妳們兩人的愛是一樣的。」於是麥蒂覺得心情好轉了。

有趣的是，唐娜將不難過的小女孩描繪成是會讓另一方難過的人。有時候，創作故事可讓害羞的孩子有機會表達出內心的想法，而這是她在現實生活中無法辦到的。

如果總結以上三個孩子在處理感到難過的角色時的做法，尼可拉斯描述的是一個會積極地去幫助痛苦的人的孩子，莎拉的角色則是逃避難過的事情，而唐娜則是讓其他人（麥蒂的父母）來幫忙收拾姊姊所煽動的難過情緒。

🔑 ICPS技巧Ⅱ：瞭解動機

為了判斷孩子對於他人表現出某種行為的原因有多深入的瞭解，我創造了一位獨行俠角色，他對於和其他人一起玩完全沒有興趣。我告訴這幾個孩子：「這個孩子似乎不想要有朋友。為什麼一個小孩會不希望有朋友呢？」

尼可拉斯是同齡孩子中社交能力的典範，因此他瞭解，人可能會因為各種不同的原因而做出某些事情，於是輕易就提出了許多種可能性。有趣的是這些原因都可被歸類為兩種範疇的其中一種。第一種範疇中的原因只考慮淺薄、表面上的動機，譬如：「他不喜歡別人，所以也沒有人喜歡他。」

但他還是有能力探討表面下的原因，並列舉出幾種不那麼明顯的動機：「也許他爸爸很窮，而且不希望讓自己難堪，也不希望他的孩子因此感到難堪。」或是，「他認為別人一直都在利用他。」

莎拉就像她這個年紀中許多具攻擊性的孩子一樣，只專注於較表面的理由：「她得到了自己想要的東西了，因此不希望別人從她手上將它奪走。」

唐娜也像尼可拉斯一樣，有能力看出表面下的動機，「也許她老是受到別人的傷害。」但卻像莎拉一樣，想得出的可能性也很有限。這種無力去思考別人採取某種行動的各種可能原因，可能會對她造成阻礙，讓她無法進一步瞭解他人可能有的真正感受，也讓她不知道如何幫助對方改善心情，當她發現自己與對方意見不一時，也無法體會對方的感受。

如同我將在第五章中討論的，瞭解別人在某個特定時刻會出現某種行為的原因，和瞭解某人長期以來總是一再出現同一種行為的原因，結果可能並不見得都一樣。

🗝 ICPS技巧Ⅲ：找出變通的解決辦法

為了瞭解尼可拉斯在面對有關兩個人之間的問題時能否靈活地思考，我要求他考慮以下這個假設性的情況：「強尼要求丹尼爾和他一起打球，但丹尼爾拒絕了。強尼能採取什麼行動來讓丹尼爾願意和他一起玩球？」

「要求他。」尼可拉斯說。

「這是一種可能性。」我說，「你還能想出其他方法嗎？」

結果尼可拉斯想出了其他七種方法。

- 耐心等候，等到丹尼爾沒事做時，也許就會覺得無聊。
- 告訴丹尼爾他將找許多孩子來加入，可以大家一起玩。
- 提議幫丹尼爾完成他的作業，接著再要求他一起玩。
- 只要再稍微暗示一下，丹尼爾自然就會懂了。
- 向丹尼爾示範玩籃球的方式。
- 向他挑戰投籃遊戲，並讓他贏。
- 將他催眠，接著再暗示他們要一起玩遊戲。

大部分具備社交及情緒能力的孩子會受到同儕的喜愛，並且會像尼可拉斯一樣，有能力想出七、八種不同的方法來解決這類問題。

莎拉和唐娜（對上述情節中的角色給予女孩的名字）就沒辦法對這個問題想出三或四種以上的解決方法。她們傾向於環繞著某一種常見主題來提出各種不同的變化。譬如：莎拉的

其中一種解決方法是問對方：「妳怎麼不和我玩？我會和妳玩啊。」她接著又提出第二種解決方法：「我想邀請妳來我家。」以及「我將帶妳去看電影。」雖然莎拉每次都想到要邀這個女孩去不同的地方，但每種方法都還是環繞在「邀約」這個主題上。最後，莎拉只想出兩種不同的解決方法。

唐娜則能夠想出三種解決方法。她努力想出了讓其他小孩一起打球的方法，然後說：「告訴她，我將當她的朋友。」「假如她遇到麻煩的話，我會幫她。」以及「告訴她，我們只玩女生的遊戲。」她還對最後一個有關打球的解決方法想出了一些變化：「告訴她，我們也可以玩排球。」以及「讓我們來玩接球。」

✎ ICPS技巧 Ⅳ：考量後果

為了瞭解這些孩子能否想像他們的行為對自己及其他人所造成的影響，我虛構了以下的情節：強尼（或露絲）想要丹尼爾（或羅妮）正在玩的那種球，於是就將它偷走。我接著要求這幾個孩子想像接下來可能發生的所有不同的結果。尼可拉斯想到了許多種後果，而值得注意的是這些後果可分成兩種不同的類型。第一類後果屬於由其他人實施的，因此我稱之為「外在後果」：

- 強尼可能會惹上麻煩
- 其他男孩發現時，強尼可能會被痛毆
- 丹尼爾可能會散播有關強尼的謠言
- 丹尼爾可能會偷強尼的錢
- 丹尼爾可能會對強尼說：「從現在起，你永遠都不能玩我的球了！」

但他也瞭解，任何行為對加害者及受害者雙方都可能造成心理上的影響，我稱這類結果為「內在後果」：

- 丹尼爾對於有人拿走他的球感到很難過
- 丹尼爾將會擔心自己的球可能會不知去向
- 強尼對於自己可能惹惱了某個人也覺得很難過

　　這些內在後果顯示，尼可拉斯瞭解任何行為都可能對其他人的感受造成影響，而且他也能對其他人感同身受。

　　莎拉也想像得出露絲拿了羅妮的足球之後可能發生的情況，但她只想到對加害者會發生的外在後果，而對於受害者會遭遇的後果則未能感同身受。

- 露絲將會惹上麻煩
- 羅妮將會告訴老師
- 羅妮將偷走她的某件東西
- 羅妮將罵她笨蛋

　　莎拉接著又繼續繞著最後一種後果的主題打轉。她補充道：「羅妮將會告訴露絲：『妳再也不能玩足球了。』」以及「羅妮將告訴露絲，她是個呆瓜。」這兩種其實都是罵她「笨蛋」的變化形式，因為兩者都表示輕視。

　　也許莎拉在現實生活中經歷過這些後果，但這種經驗卻沒有遏止她不再出現攻擊性的行為。也許她已經不再受這類後果的影響，也或許她會繼續這種攻擊性的方式是因為這種方式能讓她的目的得逞。也或許她只是想不出其他的方法。

　　唐娜則像我們之前看到的，她能夠瞭解其他人的感受，

因此她說：「羅妮可能會開始哭。」雖然和莎拉比較之下，唐娜想得出一種比較有同理心的後果，但她還是無法想出更多的可能性，因此也讓她無法再深入思考這種錯誤的行為。

　　同情心（為遭遇痛苦的人感到難過）以及同理心（對別人的痛苦感同身受）本身不算是什麼技巧，但卻是極重要的特質，能夠影響一個人解決問題的能力。如果孩子不僅能夠想出各種可能的解決方法，還能考慮這些解決方法將對其他人造成的感受，就能成為優秀的問題解決者。

ICPS技巧Ⅴ：按次序規劃

　　類似上述情況，如果孩子能夠考慮到其他人的感受，同時也能預先計劃，進而達成某種目標，則將成為技巧高超的問題解決者。為了評鑑孩子這方面的能力，我建議他們跟我說一個故事，描述某種對他們極為重要的事情——交朋友。我要他們去想像一個剛搬到新社區的小孩將如何結交新朋友，我要求他們向我詳述過程中發生的每件事。這項技巧是由喬治·史匹瓦克以及茉莉·李維發展出來的，可應用在青少年身上，並評估出一個人在以下幾方面的自發性能力：規劃達成某種人際關係目標的次序性步驟；預先考慮會阻礙達成該目標的可能障礙；以及理解解決問題可能需要的時間。

　　尼可拉斯敘述的故事如下：

　　艾爾（新小孩）先是想辦法和帶頭者（當地孩子群裡最受歡迎的男孩）談話。他發現這裡的孩子喜歡籃球，但艾爾對籃球一竅不通。當艾爾和這名帶頭者更熟識之後，他要求他叫其他孩子來溜冰場。這些孩子都去了，而且看到艾爾在練習射門。這些孩子因此央求他：「你

可以教我們怎麼射門嗎？」於是他答應教他們，而他們也組了兩支球隊，這些孩子都很喜歡這種運動，艾爾因此交到了許多朋友。

就像其他社交能力優異的孩子一樣，尼可拉斯很懂得如何**按次序規劃**。他的計劃包括一個兩步驟的次序（①和帶頭者談話，②找出當地孩子喜歡從事的活動）——受到一個阻礙（艾爾不會玩這些孩子喜歡的運動）的干擾——接著認清他需要時間來交新朋友（等到艾爾和這位帶頭者更熟識之後）。他甚至還增加另一個步驟來達成他的目標——讓他們對另一項運動產生興趣。

我要求莎拉也創造出同樣的故事，以一位名叫安妮塔的小女孩為故事主人翁。

安妮塔在操場上看到有許多小孩聚在一起玩。於是她邀請他們一起玩飛盤，而他們也答應了。他們一起丟飛盤，而且玩得很開心，他們為了接飛盤還必須跑好遠，所以玩得累極了。他們真的能將飛盤丟得非常遠。

各位有沒有注意到莎拉敘述的故事並沒有次序性的步驟。更確切的說，她只提出了一個獨立的情況——邀請這群孩子一起玩飛盤。她解決問題的方法是直接往目標邁進，而未考慮達成目標的最佳方式。她既未認清可能會出現干擾她達成目標的阻礙，也不瞭解交朋友需要時間。事實上，她描述的大部分情節都是有關目標達成之後所發生的活動。

莎拉敘述的這則故事並未包含任何負面、強迫性的內容。不過，莎拉在現實生活中的行為舉止卻相當具攻擊性。為

什麼會出現這種明顯矛盾的落差呢？莎拉的**思考方式**比她的**想法**讓我更在意。這則故事的目標是交朋友，而莎拉直接跳到目標，未交代交朋友所需的時間。這顯示她的思考方式相當衝動。但她除了缺乏規劃技巧外，也未能考慮其他人的感受。總結來說，她的這種技巧缺口造成她無法在生活中成功地與其他人交往。這正是我想表達的，所謂行為並非來自孩子的想法，而是思考方式所引導的。和想法的內容比起來，他們的思考過程與他們的行為有較大的關聯，

　　而當我要求唐娜告訴我，這位虛構的安妮塔可能會如何著手交朋友時，唐娜顯然很能體會無法克服自己羞怯的感受。

　　安妮塔向學校中的其他孩子自我介紹。她耐心等候有人會邀請她一起玩，但他們都毫無行動，安妮塔因此感到很難過。但接著就有一個小女孩邀她一起玩。所以，安妮塔現在有了許多朋友，而她再也不孤單了。他們大家一起玩遊戲，笑得好開心。現在安妮塔很快樂，因為她有了許多好朋友。

　　唐娜很善於體會安妮塔的感受——難過，接著是——快樂，也對於她會出現這類感受的原因表現出了敏銳度。她也能夠認清其中的一個障礙——沒人邀請她一起玩。而她也確實指出了時機：「她耐心等候」。但就像許多無法加入群體的小孩一樣，唐娜的規劃技巧很拙劣。由於她很被動，結果導致她必須等候多時，而這也讓她心裡感到難過。另外還必須注意的一點是，安妮塔完全沒有為了改變自己的情況而做過任何的努力；她從沒人邀請她一起玩進展到終於有人開口邀請她加入遊

戲，但在過程中她對於所發生的變化卻未曾提出過任何解決步驟。彷彿是變魔術一樣，她的朋友就主動接近她了。

像莎拉一樣，唐娜敘述的故事也缺乏次序性的步驟。但和莎拉不同的是，她的唯一策略（自我介紹）遇到了阻礙。但在兩種故事中，都並沒有人訂定行動計劃。

雖然按次序規劃的技巧與**變通性解決辦法**的思考方式極為類似，實際上卻更複雜。變通性解決辦法的技巧需要想出不同、不相關的解決方法的能力。按次序規劃則涉及洞察力與先見之明，以便能預防或規避潛在的障礙，使其無法出現，此外，假若存在有某種證明屬實或是心理上無法克服的障礙時，還必須想出替代性的計劃。這種過程意味著一種覺悟，也就是目標不一定都能即刻達成。另一種有關時機的因素（將在稍後的章節中解說）則是一種對於在某些時機採取行動將更為有利的理解（比方說，等某人心情愉快時再請對方幫忙會是比較理想的做法）。

🔒 在現實生活中使用「我能解決問題」的技巧

尼可拉斯是一位優秀的問題解決者，他遠比莎拉或唐娜更有能力在現實生活中應用「我能解決問題」的技巧。

當有朋友在最後一刻才打電話給尼可拉斯，告訴他因為生病而無法和他一塊兒去看電影時，尼可拉斯原本想告訴對方還是如期前來，因為他們已經安排好交通工具——他的父親會提前下班來接送他們。但在開口之前，他瞭解到這種想法很自私。於是他告訴朋友，他真心希望他能快點好起來，並在身體康復後打電話給他。接著，他想到可以打電話給另一個朋友，並邀請他一起去看電影，結果對方也答應了。

我們這就來探討尼可拉斯的計劃。首先，尼可拉斯對於自己想說的話先在心裡**思考**了一番，並因此瞭解了自己並未對朋友的感受或是他生病這件事表達關切之意。他也因此沒有在挫折感的驅使下不假思索地脫口而出，反而相信這並不是朋友編造的藉口（他其實很希望能夠去看電影）。尼可拉斯也體認到，此時並不是慫恿朋友如期赴約的適當時機（**按次序規劃**的一部分）。他接著又想到一個解決方法來配合已經在途中的父親，於是打電話邀約另一個朋友。

莎拉在解決問題方面所缺乏的能力，對她的生活造成許多影響。她告訴我，有一次她邀請一位同班同學放學後和她一塊兒玩，而這個女孩告訴她，她的母親想帶她去逛街。由於莎拉以前就被這名女孩拒絕過許多次，因此她認定她並不是一定非得陪母親去逛街，於是就威脅她：「妳會後悔的。我在放學後就會去找妳。妳將沒辦法和妳母親一起去逛街！」

莎拉為何會如此出言不遜呢？她並非沒想過後果。就像其他具攻擊行為的孩子一樣，她也能夠想像出接下來將發生的情況——也許她也會受到對方的反擊、受到對方父母的責罵、甚至永遠被對方列為拒絕往來戶。但那種認知卻無法制止她，讓她不去威脅同學，即便她也心知肚明，自己其實不會付諸行動。我相信她只是不知道還能採取什麼行動。由於她的規劃技巧極為有限，而她也缺乏預見變通性解決之道以及以另一種角度思考的能力，於是她採取了導致和她所期望的結果完全相反的策略（威脅）。

唐娜在現實生活中也像莎拉一樣，也常因無力對所面臨的問題想出解決之道而吃悶虧。她告訴我，有一次她在排隊時不小心撞到另一個小女孩，而那個孩子竟然跟老師告狀。她能夠正確地推斷，那個女孩會這麼做是因為生她的氣，但卻也

無力採取任何步驟來補救這種情況。由於不知道要如何向那個女孩解釋並挽救錯誤，唐娜嚇呆了。她因此變得更懼怕其他女孩。

對其他人的感受能夠察覺並具有敏銳度，對於解決問題顯然極為重要。事實上，**情緒察覺能力及敏銳度是問題解決技巧的先決條件**，因為這些能力讓我們能夠想出不同的方法來解決紛爭。但光有這些能力還不夠。我們還必須擁有具體的問題解決技巧。就像唐娜的個案中所證明的，為了解除我們的焦慮，我們必須知道如何處理其他人的怒氣。

莎拉和唐娜都渴望朋友，但她們卻都不曉得如何達成這個目標——莎拉將朋友嚇跑了，而唐娜則躲開人群，讓別人忽略了她的存在。

莎拉和唐娜在學校的表現都不理想，但她們兩人其實都具備達成師長期望的能力。唐娜的情況正好說明了為何一個極為聰明、並有能力達成優異課業的孩子卻不一定能達到其該有的成就。這兩個女孩對於交朋友的關注阻礙了她們，使她們無法全心投入課業。她們全神貫注於交朋友及受歡迎的渴望上，但對於如何實現這些渴望卻毫無頭緒。課業表現這種客觀環境中的成就，往往取決於社交與情緒能力這種人際關係中的成功。

雖然莎拉與唐娜的行為仍屬「正常」範圍，但她們在行為表現上的困窘程度還是超出一般範圍。我的研究已經證明，「我能解決問題」能夠幫助莎拉和唐娜這類孩子學會做出負責任的決定，並對自己的成就感到驕傲，而不是充滿對失敗的挫折感。

有些社會適應力極為優異的孩子使用「我能解決問題」技巧的能力也沒有尼可拉斯好，而有些個性具攻擊性及孤僻的

孩子卻比莎拉和唐娜更善於使用「我能解決問題」。但有數百位曾經跟我合作過的孩子已經證明，在我描述過的人際關係領域中，思考方式一般都會伴隨著類似的行為模式。

為什麼尼可拉斯需要「我能解決問題」？

　　雖然尼可拉斯已經是一個具備情緒能力的孩子，也是熟練的問題解決者，但由於幾種原因，他仍然可以從「我能解決問題」的訓練中獲益。首先，人際關係技巧方面的學習永無止境、也沒有上限。即便是技巧最純熟的孩子也總是能再精益求精，並因此變得更好。比方說，尼可拉斯就發現自己經常會被妹妹激怒。有時候他也會不聽父母的話。在將思考轉化成行動時，他並無法一直堅持到底。在遇到這類情況時，尼可拉斯除了已經瞭解的做法外，還能學習去倚重「我能解決問題」的方法。

　　尼可拉斯在日常生活中所遇到的人可能沒有他那麼懂解決技巧。他因此自然會遇到其他一些會說些傷害性言語或是阻撓他願望的孩子、甚至是大人、手足、父母、及學校孩子之間的衝突都屬於成長過程中極為正常的部分，但成為一個優秀的「我能解決問題的人」，將讓這趟成長旅程走得更愉快、也更成功。我的目標不在於消除衝突，而在於幫助孩子學會如何妥善加以處理，並幫助他們欣賞其他人的想法及對事物的感受，還有培養良好的技巧來解決衝突所產生的問題。

　　有些具備良好社會適應力的孩子可能非常嫻熟某一種「我能解決問題」的領域，譬如：有能力制定出達成某一種目標的次序性計劃，但遇到要想出可能阻礙這項計劃的事物、他們的計劃可能需要多少時間、或是制定這種計劃的最佳時機

時，顯然就力不從心了。而有些社會適應力優異的孩子卻可能極善於想像自己完全無法應付的可能障礙。他們很容易因為類似以下的想法而覺得氣餒：「這一定行不通，因為……」這些孩子也只有學會「我能解決問題」才能獲益。

最後，「我能解決問題」是一種絕佳的預防性計劃。甚至連尼可拉斯這類的孩子都可能在日後受其他問題所苦，包括受到不希望的同儕壓力、變成霸凌的受害者、或是嘗試使用毒品。我的研究結果已經顯示，受過「我能解決問題」訓練的孩子（無論是學齡前兒童或是青少年）都會比缺乏這項優勢的某些同儕更能維持社交與情緒方面的能力，而原因也許在於「我能解決問題」的訓練有助於強化做出明智決定的能力，並能讓孩子永遠保持這種能力。

無論具備多純熟的技巧，所有的孩子都將隨著成長而必須面對全新且無法預期的挑戰，而他們的父母將不可能一直都在他們身邊保護他們。父母如果能讓孩子瞭解，他們很重視預先思考、採取的行動以及所說的話，將培養出更可能在必要時使用「我能解決問題」技巧的孩子。

我的目標是幫助孩子將自己解決問題的能力擴展至最大極限，瞭解採取行動的方式及時機，掌控自己的生活，在長大後成為能夠思考及感受的人，並有能力做出明智的決定。

現在就讓我們來探討父母可以如何來培養這些技巧。

‖ 第二章 ‖

四種教養風格

假如我們改變自己與孩子對話的方式，
將從而改變他們對我們、其他孩子、以及自己的說話方式。

當父母希望改變孩子的行為時，他們會說什麼？在多年來傾聽及研究父母的處理方式之後，我已經獲得一個結論，大部分的時間他們都會訴諸於以下三種策略中的一種：他們會使用威權、建議、或是說明。

當我們試圖改變孩子的行為時，我們採取的每一種方式顯然都會落入以上三種窠臼的其中一種。有時我們也會同時使用這三種方法中的兩種或三種。儘管如此，透過這個放大鏡來檢視自己的行為還是很有幫助。此舉將有助於我們瞭解我在《培養會思考的小孩》中介紹過的「問題解決法」對於青春期之前的孩子有何獨特的重要性。

我們就來探討父母最常使用的三種方法。

🔒 第一種：威權法

使用這種方法的父母認為，只要態度強硬並將自己的意願加諸在孩子身上，就能夠影響孩子的行為。他們將自己視為獨裁主義者，並經常：

・大吼大叫，彷彿只要音量夠大就能掌控孩子的注意力

- 使用輕蔑、羞辱的譏諷式語言，譬如：「你就是太笨了，才必須再做一次！」
- 使用重複性、誇張性的問話方式，譬如：「我要跟你說多少次…！」
- 使用體罰，包括打手心，或是打屁股

「威權法」可能會讓孩子順從你的要求，但卻會剝奪他們個人的權力感，也會讓他們感到憤怒及挫折，而無法讓他們對自己的行為感到驕傲。由於人類都需要覺得對自己的生活有控制感，在家中無法體驗到控制感的孩子會往他處尋求。他們經常就會在一個比較安全的環境中尋求權力，譬如：學校。他們於是會在學校將自己在家中受到的待遇發洩到其他孩子身上。就像茉莉・史特勞斯以及布萊恩・巴伯指出的，這是孩子變得具攻擊性的原因之一。受到父母輕視的孩子相信，感到強大的方式（變得像父母一樣有權力）必須經由削弱其他人的力量才能達成。雖然不是所有使用「威權法」的父母所養育出的孩子都會變成具攻擊性，喬治・巴特許等心理學家卻都描述，大部分具攻擊行為的兒童都有主要以威權法來教養孩子的父母。

更何況，大吼大叫及打屁股的方式會發送一種訊息給孩子：這些是可以被接受的情緒表達方式。莎拉的父親聽到她對著四歲的弟弟尖聲大叫，並因為他在她寫作業時「纏著」她而罵他。她的父親於是大聲喝止：「我要告訴妳多少次，妳不能用那種態度和弟弟說話！現在回到妳的房間，反省一下自己的行為！」假如莎拉此時有在想什麼，很可能就是在思考如何報復。或許也正在納悶，為什麼她的父親對她大吼大叫就沒關係，但她對弟弟大吼大叫就不行。在房間裡，她也可能會順理

成章地獲得一種結論，即便她的父親告訴她不能大吼大叫，但大吼大叫其實是沒關係的。

　　然而，最可能的情況卻是莎拉完全無法產生其他想法。她可能覺得必須自我保護，也希望能將她父親的厲聲斥責關在門外。她並不關心他究竟說了些什麼，所有的話都雜亂地混在一起，變成一種言語上的攻擊。

　　短期而言，這種管教方式似乎能奏效，莎拉很可能會變得很順從，並停止咒罵弟弟的行為。但事實上，她改變的原因遠比她表面上可能有的改變來得重要。在她的內在，她的心意並未改變（她對於自己為何不應該大吼大叫仍然不瞭解），而且也尚未開始試著瞭解她自己或是弟弟的感受。她僅僅只是停止了大吼大叫的行為，因為她不想再被父母斥責。使用「威權法」的父母表面上像是達到了他們的目標，但往往卻必須付出極高的代價，因為這種方式只會讓每個人感到**憤怒、無力以及挫折**。

　　有些孩子對於權力的主張則有不同的反應——他們會變得無動於衷，表現得像是他們一點也不懼怕懲罰。以發洩怒氣的方式來得到他們渴望的事物或是緩和挫折感極為重要，因此他們學會忍受任何暫時的痛苦，以期望達成這些目標。一旦發展到這種階段，他們的行為可能會變得完全無法加以控制。莎拉的父親言語上的攻擊及宣洩的怒氣很可能將無法對她造成任何影響了。她根本不加以理會。

　　請思考這種結果的意涵。假若她對於被大聲斥責再也不在乎，她又怎麼可能會在意自己的弟弟被她大吼大叫時心裡的感受呢？這種「威權法」實際上可能反而會讓孩子無法培養出同理心，而就像我們將會看到的，**同理心是學習問題解決技巧的先決條件**。事實上，所有具備重大意義的改變都起因於孩子

對他人感同身受的能力。最顯著的情形是大部分攻擊性的孩子都沒有同理心的感受。

有些孩子則會以不同的方式因應「威權法」。以唐娜這類孩子來說，他們可能純粹只是畏縮，害怕受人矚目。即便以一種「關愛」的方式來使用這種「威權法」，孩子也並不一定能體會到父母意圖表達的關懷。舉例來說，從上幼稚園開始，唐娜的父親就試著在打屁股的同時告訴她：「我很愛妳的」來緩和唐娜的感受。但就像我們將看到的，唐娜只感受到權力；至於他說的：「我很愛妳的」則只讓她感到困惑。到最後，她還是和莎拉一樣感到不被賦權。

🔒 第二種：建議法

有些父母在看到孩子發生衝突時，會提供建議。假設莎拉的父親在女兒對她弟弟大吼大叫時使用這種方法，他可能會說：「妳只需溫和地要求他不要吵妳就好啦。」或是，「告訴弟弟妳正在做功課，妳等一下會跟他玩。」現在看起來這些建議都極為合理。但問題不在於莎拉的父親說了什麼。**「建議法」的真正問題在於父母代替孩子思考。**

比方說，八歲的瓊安因為朋友瑞塔不跟她玩，所以每天都氣嘟嘟地回家。瓊安的母親急著想幫她，因此就說：「妳何不告訴她，妳想邀她一塊兒去游泳？」當瓊安回來跟母親說，瑞塔不想去游泳時，她的母親還是不願放棄，緊接著說：「也許她會喜歡來家裡玩，我們可以租個影片來看。」但假若瑞塔還是對此興趣缺缺，會有什麼結果呢？瓊安可能會覺得自己彷彿無技可施。而面對她母親熱心的建議，她也一直沒有機會想出自己的解決方法。

當父母和子女間出現問題時，「建議法」也經常會被派上用場。譬如：當孩子推諉不願意做家事時，許多父母就會乾脆建議：「你可以試著在放學回家後，盡速將這些家事完成，就不用牽掛啦。」孩子也往往會嘀咕著說：「我必須先做我的作業啊，不然會寫不完。」父母此時如果將這種回答當成是頂嘴，就經常會轉而使用「威權法」。而在此同時，這些家事還是沒有完成。

偶爾提供建議的確能對面臨新問題的孩子產生幫助。但是，假如父母積極地幫孩子想解決辦法，孩子則會變得很被動。假如經常使用這種方法，更可能會抑制孩子的思考過程、自我表達能力以及情感。有些孩子的反應可能會在未徹底思考的情況下盲目地尋求及採納其他人的意見，而也有些孩子（就像莎拉）可能就會在爸媽不在身邊時選擇攻擊性的解決辦法。雖然比起「威權法」，「建議法」能夠產生較為正面的影響，但假如孩子能夠被賦予技巧及自行決定的自由，他們還是比較可能按照自己的解決方式來處理。

🔒 第三種：說明法

許多父母瞭解，光是對子女建議某種行動方案還是不夠，因此他們會努力提供說明。尼可拉斯的母親有時就會說：「每當你用那種方式跟妹妹說話時，她都覺得很氣憤。」以及「我對於你用那種態度跟妹妹說話也覺得很生氣。」

如同湯瑪斯・高登在他的經典著作《**父母效能訓練**》*(Parent Effective Training)* 中所提出的看法，現在使用「我訊息」來對孩子說明事情極為普遍，許多教養專家也推崇這種方式。儘管這種說話方式比起類似「你讓他難過」的說法較不會

導致孩子有愧疚感，終究還是不能產生任何成效，因為父母此時也再次扮演了積極的角色，而孩子還是淪為被動的一方。他們未被鼓勵參與對話，而是被要求只能聽話。而儘管尼可拉斯的母親也會對她兒子談有關感受的問題——解決問題極為重要的一環，但光是她一個人在說，而且也沒人在注意聽。

我已經聽過許多父母說，他們在孩子犯錯時並不會懲罰他們，反而是跟他們討論他們做錯的事。有一位母親就說：「我從未體罰我的女兒或對她大聲說話；我都跟她講道理。」當我要求她舉例說明時，她說：「當蜜亞在學校打架時，我都會告訴她，這樣她就交不到朋友了。」然而蜜亞依舊會跟別的小朋友打架。

另一個類似的情況，九歲的傑夫在弟弟玩他的模型飛機時會非常生氣，甚至還會動手打他。而傑夫的父親此時都會說：「假如你再打弟弟，你可能會把他弄傷。」或是「你弟弟在你打他時覺得很難過。」

傑夫總是點頭，彷彿他瞭解一般，但他還是繼續對弟弟動粗。傑夫的父親和蜜亞的母親都對這種情形大感不解。他們無法理解為什麼孩子無法改變自己的行為。但這正好闡明了「說明法」的第二種問題：父母永遠無法確保自己是否將訊息傳達給了孩子。

最後一點，「說明法」並不足以解決問題，因為孩子最終會無視於父母的苦口婆心。他們會開始覺得自己彷彿對每種說明都已經聽過無數次了，因此也沒必要再注意聽了。結果，即便這種方式比起「建議法」更有技巧些，卻還是無法產生任何成效。

🔒 問題解決法

「問題解決法」和我提過的其他方法不同之處在於，這種方法讓孩子參與對自己的行為與動機的思考過程。孩子不會覺得事不關己，因為他們會參與對話。

且讓我們再回到蜜亞與傑夫的案例。假設有一天當蜜亞告訴母親，她又在學校跟別的小朋友打架了，而她的母親嘗試使用一種新的處理方式。她不再提出常掛在嘴上的那種言論（「假如妳再打其他小朋友，妳就交不到朋友了」），她反而是問蜜亞：「妳認為這些小孩在被妳毆打後可能會說什麼或做什麼呢？」

假若傑夫的父親也不再說：「你弟弟在你打他時會覺得很難過。」反而是問他：「你想弟弟被你打的時候有什麼感覺呢？」或是，「如果弟弟在沒經過你的同意下就拿走你的東西，你能想出用什麼不同的方式來告訴弟弟嗎？」

這種情況下，以上這兩個小孩都比較不可能再茫然地點頭，而且在談話的過程中置身事外了。對他們拋出這些問題，鼓勵及指引他們變成討論過程中的積極參與者。換句話說，「問題解決法」是唯一能讓父母與孩子一起參與真正對話的方式，而不再只是一個人在唱獨角戲。

瓊安的母親原本建議女兒可以邀請同學和她一起玩，現在則改採「問題解決法」。她要求瓊安自己想出解決辦法。

一天下午，瓊安回到家時滿臉笑容：「媽咪，瑞塔今天有跟我玩呢。」

「妳做了什麼呢？」她的母親問她。

「我表演轉圈給她看，於是她希望我能教她。」

瓊安對於能想出自己的方法覺得十分得意！

現在讓我們將以上四種方法套用在另一個父親和他十一歲的兒子間出現的問題上，並比較四種方法的成效，這個十一歲的兒子德瑞克希望有一輛十速腳踏車。他們之間的對話從「說明」為什麼他不能有這輛腳踏車開始，接著這個父親又「建議」他可以採取的方法。

德瑞克：「奇普今天得到了一輛十速腳踏車。」

父親：「這樣啊。」

德瑞克：「我什麼時候也能有一輛呢？」

父親：「我們以前就討論過這件事了呀。你還太小了。」

德瑞克：「我比奇普還大呢。」

父親：「奇普比你壯，他也許能控制好車子。」

德瑞克：我可以騎得比他好。」

父親：「你現在就有一輛很棒的腳踏車了呀。你為什麼不騎這輛腳踏車和其他朋友一起去玩呢？」

德瑞克：「我想要和奇普一起騎車。」

（這位父親努力想用這種方式來打消兒子的念頭。即便他有詢問：「為什麼…？」卻並不是真的在提出問題。他只是在告訴兒子他認為他應該怎麼做。）

父親：「聽好，在我們家附近這種小巷弄中騎十速腳踏車，會佔用太多路面，速度也太快了。真的是太危險了。我努力想給你我負擔得起的任何物品，但這種東西對像你這種體型的男孩來說，

　　真的太危險了。等你再長大一點，也更壯一點
　　時，我再幫你買一輛。」

（德瑞克完全不理會父親的說法，因此充耳不聞。他只
理解一個事實：「我不能擁有我的腳踏車了。」）

德瑞克：「你從來就沒給過我什麼東西！」

父親：「不可以跟我頂嘴。我已經告訴你為什麼你現在
　　　　不能有一輛十速腳踏車，而我也不希望聽到你再
　　　　提起這件事。」

　　就像許多用冗長的說明與建議來勸說孩子的父親一樣，
德瑞克的父親也覺得很氣惱，因為他認為「德瑞克老是不聽
話」由於心中滿是怒氣與挫折感，他完全停止了對話。而德瑞
克也覺得氣憤與受挫。

　　如果德瑞克的父親學會使用「問題解決法」，就會轉變
成以下情形。

父親：「我知道你很想買一輛十速腳踏車，但我希望你
　　　　再考慮一下這件事，而我也將會協助你。」

德瑞克：「你會買一輛給我嗎？」

父親：「是的，但時候未到。你能想出我為什麼不希望
　　　　你現在騎一輛十速腳踏車的原因嗎？」

德瑞克：「不行！」

父親：「你和奇普體型一樣，還是不一樣？」

德瑞克：「不一樣。他比較高大。但我可以騎得比他
　　　　好。」

父親：「我知道你會這麼想。但假如你騎一輛過大、速
　　　　度也過快的腳踏車，在這些車流量很大的小巷弄

中行走，可能會發生什麼事呢？」

德瑞克：「沒什麼啊。我會很小心的。」

父親：「你怎麼知道你不會一不小心就閃神呢？這樣的話會發生什麼情況呢？」

德瑞克：「我可能會摔倒，然後也可能會受傷。」

父親：「假如發生這種意外，你會有什麼感受？」

德瑞克：「很難過。」

父親：「而媽媽和我對於發生這種意外又會有什麼感受呢？」

德瑞克：「難過。」

父親：「還會發生什麼結果呢？」

德瑞克：「我可能會被車撞到。」

父親：「你希望發生這種事嗎？」

德瑞克：「不希望。」

父親：「你現在能怎麼做才不會讓自己發生摔倒及受傷的情形，或甚至是被車撞上的後果？」

德瑞克：「等到我再長大一點時再騎。爸，也許我現在可以騎一輛三速腳踏車。那種還是比我現在騎的這輛舊車要好多了。」

父親：「這倒是值得考慮。我們找時間去腳踏車店研究一下這幾種車，假如安全性沒問題的話，那將是解決這個問題的好方法。」

這位父親並沒有向兒子提出建議與說明，反而是讓他徹底思考這個問題。而德瑞克由於被要求評估可能會發生的後果，他也因此對各種情形有了深入的瞭解——因為是他自己想出來的。而他的父親最後也沒有演變成中斷與德瑞克的

談話，反而是傾聽兒子的解決方法，假如安全方面沒問題的話，他也願意接受兒子提出的方法。

德瑞克的父親藉由提出思考性的問題來使用「問題解決法」並獲致其最大的效益。他幫助兒子致力於四種重要的技巧，而這幾種技巧也正是所有優秀的問題解決者所急需的：

- 對自己感受的敏銳度
- 對他人感受的敏銳度
- 察覺行為的**後果**
- 認清一項問題可能有的**變通性解決辦法**

這種思考方式也有助於德瑞克學會對自己渴望的事物耐心等候——這種思考方式本身更是一種極重要的生活技巧。整體而言，這段對話讓德瑞克對自己及自己想出的新的解決方法感到自豪。而他的父親也為他感到驕傲。

也許有一段中國明訓可以適切地表達這種特殊意義：

不聞不若聞之，聞之不若見之；
見之不若知之，知之不若行之；
學志於行而止矣。

乍看之下，「問題解決法」似乎過於複雜，也很費時間。但不妨思考一下，假如你不使用這種方法，你必須花多久時間才能改變行為——或是否真能改變，當德瑞克的父親使用「說明法」時，他曾說：「我們以前就討論過了呀。」即暗示了他和兒子之間一直存在著某種問題。然而等到德瑞克能自己

想出解決辦法時，他的行為就幾乎在頃刻間改變——而最棒的是，這種改變還很有可能將持續下去。

以長期而言，使用「問題解決法」還能節省時間。一旦掌握這種方法之後，對話的過程就可以大幅縮短。舉例來說，當德瑞克希望在上學日的某一天晚上和朋友外出而必須晚歸時，他的父親就可以簡單地說：「這種做法適當嗎？」接著再說：「你能夠想出一個不一樣而且適當的做法嗎？」不到三分鐘，德瑞克就能想出一個折衷的解決方案了。

在本書接下來的各個章節中，各位將看到尼可拉斯、莎拉以及唐娜的父母如何以一次一個步驟的方式學會使用「問題解決法」如果各位現在就能夠教會自己的孩子如何對重要問題做出明智的決定，你就是在幫他們儲備迎接日後更重大問題的能力。

瞭解培養會解決問題的孩子的重要性只是第一步。在接下來的章節中，我們將探討青春期前的孩子如何才能學會思考解決問題的方法。

現在就讓我們開始吧。

‖ 第三章 ‖

我會有什麼感受？
你會有什麼感受？

孩子在能夠關心其他人的感受前必須先關心自己的感受

　　在解決日常生活中出現的典型問題時，瞭解別人對事物的感受是非常重要的一部分。如果想緩和某個人的憤怒、挫折感或是恐懼，首先我們必須能夠敏銳地察覺對方的感受。我們能夠學會關心其他人的感受並加以正視的唯一方法就是先正視及關心自己的感受。

　　小孩會根據自身的感受來採取行動。在他們能夠以對其他人情緒的敏銳度來做出決定之前，他們必須能夠敏銳地察覺自己的感受。換句話說，情感教育是一種循序漸進的過程。如果在孩子未深入瞭解自己內心的感受之前就要求他關心他人的感受，就好像是在還沒學會騎腳踏車之前就要求他騎上腳踏車一樣。

　　有幾位我輔導過的孩子經常以動手攻擊他人的方式來得到自己想要的東西。他們所有人也都承認，自己經常遭到「回擊」，但其中一位很快又補上一句：「我才不在乎呢，我就是要讓他知道誰才是老大。」假如有這類反應的男孩真的不在乎，並且對他人的反應也無動於衷，他們又怎麼可能會關心自己的舉動對他人所造成的影響呢？

　　莎拉會使用言語恐嚇及咄咄逼人的方式來脅迫其他人，她也曉得對方會遠離她、避免和她一起玩，也不希望和她交朋

友。但就像前述那些對於會發生什麼結果「毫不在乎」的男孩一樣，她或許是未考慮到自己對那些她惹惱的人所出現的反應有何感受，也可能是不知該如何表達。

　　儘管理解及關心自己的感受是重要的第一步，我們也必須願意去感受他人的痛苦。假如莎拉感受得到她作弄或欺負的人的痛苦，並且對於傷害其他人也會感到難過，她將能夠找到不同的方式來解決她和同學之間的問題。

　　唐娜則像許多個性羞怯的小孩一樣，能夠察覺自己及其他人的感受（她也許還曉得自己所做或說的某件事有可能會讓其他人生氣），但由於她並不知道如何處理自己的怒氣，她於是就逃避現實，索性不做任何努力。換句話說，她的舉動彷彿自己什麼都不懂，其實卻不然。

　　而尼可拉斯的情況又如何呢？他不僅能夠考慮自己及其他人的感受，而且和莎拉及唐娜不同的是，他懂得解決問題的技巧，因此知道如何處理那些感受。然而，在盛怒之下，他也不一定都會用上這些技巧，尤其在和他的妹妹泰拉發生衝突時，她雖然還稱不上有行為問題，但在社交技巧與情緒能力方面還是略遜於她的哥哥。

🔒 孩子會如何考慮感受？

　　所有的孩子在很小的時候就體驗得到廣泛的情緒變化。不同之處在於他們是否能夠及願意考慮自己的感受以及他們考慮的方式。

　　父母能夠用許多方式來鼓勵察覺情緒，但有一個極為簡易的方式是所有的父母都應該嘗試的：**詢問孩子的感受**——當他們面臨衝突的情況時、當他們被給予讚美時、當他們在一場

比賽中落敗時、亦或當他們最要好的朋友拒絕他們時。這個簡單的問題會向所有的孩子發送出一種極為重要的訊息。它會告訴孩子：「我關心你的感受，而我也希望你能夠關心自己的這些感受。」

父母如果能多留意孩子的感受，則孩子就更能察覺自己的感受。孩子（以及成人）對自己情緒的瞭解程度有極大的不同。孩子瞭解自己情緒的方式是漸進式的。就像我在《**培養會思考的小孩**》中論述過的，許多孩子在大約四歲時，就已經能夠瞭解，自己以及其他人：

- 擁有能被確認及歸類的感受
- 在不同的時間對於同一件事可能會有不同的感受

這兩種情緒的察覺對於孩子的感受、思考方式以及舉止會產生極大的影響。

成長到大約八歲時，孩子還可能會開始瞭解第三種更複雜的情緒察覺面向。他們瞭解，自己跟其他人一樣：

- 對某些事情可能會出現矛盾而複雜的情緒

比方說，一位八歲的孩子可能會因為自己的奶奶過逝而感到難過，但也會因為奶奶終於不用再受病痛之苦而感到如釋重負，並因此能夠緩和自己喪失親人的感受。這有助於撫平她自己的悲傷。

總而言之，孩子如果能夠瞭解一個人在不同時間對同一件事情可能會出現不同的感受（如「我現在很難過，但我待會兒就會覺得很快樂了。」或是「媽媽不是一直都很生氣

的。」），就能夠專注在正面的情緒上，進而幫助自己克服某種短暫的傷害。瞭解自己對某件事情可能會產生多種情緒的孩子能夠專注於美好的感受，並藉此克服焦慮或恐懼。這些技巧接著更能有助於孩子瞭解，其他人可能也會經歷同一種情緒反差，並從而幫助其他有類似痛苦的人。

🔒 誰應該參與？

所有的孩子都能夠從談論自己的感受中獲益。大多數的父母也瞭解這種方式對他們的女兒有效，但有些人則質疑這種方式能否對他們的兒子產生效果。他們擔心自己的兒子會因為害怕遭到嘲笑或被罵而抗拒和朋友談論自己的感受，在家時也可能對此避而不談，因為他們覺得「這是女生才會做的事」。

從出生起，父母（尤其是母親）確實對女兒比對兒子更能表達情感。而隨著孩子接近上幼稚園的年齡，父母對女兒談論有關情緒（憤怒除外）的事情確實也比對兒子多。有些人覺得自己的兒子不可以表現出過多的情緒，否則他會被認為是一個「離不開媽媽的孩子」不過，威廉・派樂克在他的著作《男孩本色》(Real Boys) 中則提出這樣的看法：當父母不跟他們的兒子談論感受並相信「男孩終將是男孩」時，孩子的反應將是感到焦慮與難過——接著這些就會變成他們覺得有必要隱藏的情緒。這種對情緒保持緘默的惡性循環必須被破除。在我針對青春期前的男孩進行的研究中，我發現假如他們在平靜、祥和的時刻被問到自己的感受，他們其實會和女孩一樣熱切地回應。與其加以壓抑，不如鼓勵將情緒表達出來，這樣才能幫助男孩與女孩變成會思考及感受、而且不希望去傷害自己

或他人的人。

　　和青春期前的男孩與女孩談話時，我也發現，即便是其中年紀最大的孩子都還是很喜歡談論自己的感受，有些還喜歡在遊戲的過程中進行討論。

學習「問題解決法」

　　我對所有才剛接觸「問題解決法」的家長有個建議：在剛開始實行時，一次應該只專注於這種方法的其中一個技巧，接著再逐步將全部的技巧合併在一起使用。

　　儘管孩子可能對於有助於他們解決問題的「感受性字眼」已經有了部分或全部的瞭解，但他們在遇到激烈衝突時卻不一定想得出這些詞彙。這也是為什麼在展開「我能解決問題」的訓練時，先致力練習有關描述個人感受的詞彙是非常重要的原因了，而一開始可以先談論自己對事物的感受，接著再討論其他人（包括父母）的感受。這種漸進的方式，不僅可幫助需要時間才能自在使用這種新方法和孩子談話的父母，也能幫助孩子習慣這種新方法。

何時開始

　　家長可以在方便的時間向孩子介紹「感受性字眼」。晚餐時間對尼可拉斯的家人來說就是絕佳的時機———家人都聚在一起，而氣氛也很平靜與祥和。莎拉的父母也利用晚餐時間，因為他們瞭解，談論感受經常有助於消弭在一天結束時偶爾會出現的緊張氣氛。唐娜的家人則找了一個不同的時間。由於唐娜的個性很羞澀，她比較習慣一次只和父母一方談論自己的感受，時間通常是在晚餐後，還沒動手寫家庭作業之前。

⚿ 談論「感受性字眼」

你可以用一個簡單的開場白跟孩子說：「我們將進行一些叫做『我能解決問題』訓練計劃中的活動（或玩一些遊戲）。」（你的孩子不久就會主動要求使用「我能解決問題」了，而這個名詞也可能會變成你們家的日常用語。）

我們首先將複習一下我在另一本書中提過的幾個詞彙——快樂、難過、生氣、害怕、自豪以及挫折。其中有些詞彙可能是屬於四歲孩子的兒語，但這些感覺卻不是只有四歲的孩子才會有。青春期前的孩子還是很愛談論自己，對這些感受也經常有全新的觀點，不時還會讓父母大開眼界。

請先從「快樂」這個詞彙開始。問你的孩子：

· 什麼事會讓你覺得快樂？
· 什麼事可能會讓其他人覺得快樂？

當尼可拉斯的母親要求他指出三件會讓他覺得快樂的事情時，他很快就回答：「一個全新的棒球手套、巧克力蛋糕、以及我們家新來的小狗。」

由於尼克拉斯的母親希望女兒也能加入討論，於是轉頭問泰拉同樣的問題。由於她已經聽到尼可拉斯的回答了，她於是重複同樣的內容：「我們家新來的小狗。」接著又加上「藍莓派。」以及「當爸爸不會對我大吼大叫時。」

為了讓這個遊戲增加難度，他們的母親於是再問他們：「你們認為有什麼事會讓一個奶奶和一個十歲的孩子都感到快樂呢？」尼可拉斯很愉快地提議：「得到一張生日賀卡。」

尼可拉斯和泰拉兩人對於「難過」、「生氣」、「自

豪」、以及「挫折」這些詞彙都同樣熟悉。泰拉尤其喜歡用「挫折」這個詞彙來玩記憶力遊戲。她喜歡在有把握的情況下讓父母知道，當他們在她還未感到睡意之前就要求她上床時，她會感到挫折。而泰拉和尼可拉斯也喜歡想出一些「配對組合」然後討論這些人的感受。泰拉說，她的朋友搬家讓她**和**朋友都感到難過，而尼可拉斯接著補充，當奶奶**和**老師給他一些東西而他忘了說「謝謝」時，會讓他們感到難過。

你也可以想出自己的「配對組合」（無論有多不可能湊在一起）──比方說一個警察和一個四歲的孩子──接著讓孩子去想出由不同的人湊成的不尋常組合。

儘管唐娜經常怯於表達自己的情緒，但對這些問題也很熱切地回應。但以這種方式利用這些練習也讓她的父母對她的感受有了意料之外的深入瞭解。當被問到什麼事會讓她感到快樂時，她的回答是：「當媽媽說：『我愛妳』時。」她的母親覺得有些不好意思，因為她的丈夫就坐在旁邊，她於是問唐娜：「當爸爸說：『我愛妳』時，妳有什麼感覺呢？」唐娜回答：「讓我覺得難過。」父親因此想起，他經常在體罰她的時候跟她說愛她。他從沒想過自己的行為會對她產生這種影響。

另一方面，莎拉很少去思考自己的感受，也幾乎從不會表達出來，她在被問到什麼事會讓她覺得快樂時，沉默了很長一段時間。但她的父母很有耐心，最後莎拉也終於帶著淡淡的微笑說：「冰淇淋讓我覺得快樂。」

這種情形對莎拉來說是非常重要的第一步。她尚未準備好注意其他人的感受，但她已經能夠談論會引發她某些感受的事情，甚至包括生氣與難過。

這段有關感受的簡短交談產生了另一個未預期的結果。

在他們的討論之後沒多久，有一天莎拉告訴父母，其他孩子從不邀她一起玩，並且透露她對此覺得「受到傷害」。無論她是一直有這種感受或這是頭一回，以一種沒有脅迫感、或類似玩笑的方式來談論自己的感受，也許讓她得以體認到，作弄及嘲笑他人的結果將會傷害自己，這種方式還可能有助於她與父母分享自己感受的意願。

「自豪」對莎拉來說仍然是難以理解的一個詞彙。雖然她知道這是什麼意思（比如，「當我畫出一張美麗的圖畫時，我會感到自豪」），也能區分這個詞彙與「快樂」之間的相異處，但由於她很少有這種感受，所以還是很難得想到這個詞彙。由於這種練習能幫助莎拉專注在美好以及沒那麼美好的感受上，因此對她非常重要。等到他們開始探討「挫折」這個詞彙時，莎拉的父親已經準備好面對意外的發現。莎拉則表示：「當爸爸一直說：『不行』時。」她會感到挫折。她的父親從未意識到自己有多常對女兒說「不行」，還有這句話讓她的挫折感有多深。

一旦孩子瞭解這些詞彙，並能用來形容自己與其他人時，就該是使用「我能解決問題」的技巧來介紹一些新的「感受性字眼」的時候了。（對於類似莎拉這種才剛開始考慮感受的孩子，你可以繼續讓他們將注意力集中在他們對事物的感受上。）

🔑 「憂慮」與「放心」

這些字眼跟這種年齡的族群有特殊的關聯性，尤其他們可藉此窺探大人的感覺。當莎拉的母親說明令她感到憂慮的事情時，她舉的例子是：「當妳放學後沒有馬上回家，又不打電話回來報平安的時候。」

　　莎拉感到很吃驚。她從不知道自己這種行為可能會令父母擔心，也從未想過他們會關心。這則感人的小插曲完美地闡明了我的論點：當父母與孩子在一種**安全的氣氛**下談論他們的感覺時，他們對彼此所瞭解的資訊不僅會很有意思、也對彼此有極大的幫助。當我們讓孩子明白我們內心的想法時，我們經常也能從中發現他們的想法。

　　這則小插曲還有另一層意義：讓莎拉能夠在考慮自己的感受後，連帶考慮另一人的感受。儘管如此，她還是受到母親對她感受的影響。但不久她就將可以晉升至下一個等級——考慮其他與她無關的人的感受。

「同情心」與「同理心」

　　雖然許多孩子都瞭解「同情心」的意義（瞭解他人的痛苦），卻只有極少數知道「同理心」（感受到他人的痛苦）。**對他人的感受懷有同理心**屬於社交與情緒能力中非常重要的部分。感受到他人痛苦的能力不僅能制止一個人傷害其他人，也能鼓勵孩子伸出援手，幫助其他遭到不幸的人。

　　當被問到什麼事會讓他們對某人感到同情時，上述三個孩子全都提出了適切的回答（譬如：「當丹尼因為跌倒而摔斷腿時，我覺得他很可憐」）。但只有尼可拉斯能夠補上這段話：「當我的朋友受傷時，我心裡會很難過。」當被要求想出可能會讓人不想去傷害其他人的理由時，也只有尼可拉斯能夠說出：「傷害其他人會讓我感到難過。」而等到他瞭解「同理心」這個能夠表達感受的詞彙時，他就很喜歡加以使用。

　　然而也請務必謹記在心，同理心與同情心必須保持平衡。假如對某人的痛苦的感受變得過於強烈且密集，孩子可能會完全避開對方，以便減輕自己心裡的負擔，避免體驗到過多

的傷害。

　　為了幫助上述這幾位「我能解決問題」的孩子瞭解同理心的概念，我要求他們想出一個以上，會讓人想安慰一個傷心孩子的原因。唐娜說：「因為這樣會讓她覺得像是為其他人做了件好事。」她的父母和我都不曉得，她的內心深處是否體驗過那種感受，但由於她能夠將那種感受表達得非常清楚，也顯示她確實有進步。再過不久，唐娜就將受到激發而向其他人伸出援手，讓自己也能體驗到受助者的歡喜。這種同理心之所以能驅使孩子去幫助其他人是因為這會讓他們的內心感到愉悅，而不是因為他們可能會收到物質或其他外在的獎勵。

✎ 「不耐煩」及「失望」

　　青春期適應不良的一項極重要的早期警訊是無法耐心等候以及妥善處理當自己的希望無法順遂時的挫折感。能夠在不焦慮的情況下想出以上兩個詞彙的孩子比較有能力減輕或預防生活中的壓力與緊張。尼可拉斯就告訴母親，當他在下雨天無法到池塘溜冰時會覺得很失望，而對必須等候池裡的冰完全凍結感到不耐煩。思考這些「感受性字眼」即有助於他耐心等候這一天的到來。

　　唐娜經常等得過久，結果一無所獲地離開，也無法表達心中的想法。但這些「感受性字眼」卻讓她找到一個考慮自己感受的方式。她說當她要求跳繩卻只能落得站在一旁枯等及觀看其他人玩耍時，她覺得「很不耐煩」。而當她老是輪不到時，她更覺得「失望透頂」。唐娜最後將會有能力在她的希望未能實現或甚至受到忽視時告訴同學自己的感受。

　　有時候只要能夠辨識出某種感受即能有助於我們加以處理。上述兩種詞彙對莎拉尤其具有意義，因為對她而言，當她

想要某件東西卻無法如願時，她仍然無法確認自己的感受。

🔑 其他「感受性字眼」：「寂寞」「妒忌」「難堪」

依照前面使用過的同一種模式來要求孩子討論「寂寞」、「妒忌」以及「難堪」等字眼。接著要求孩子補充一些他們自己的「感受性字眼」，以便你們能夠一起討論。他們將會很喜歡這些活動，而且就如同莎拉及唐娜與家人的互動情況，討論有關你和孩子對一些事物的感受也能改變在一些重要層面上你們瞭解彼此的方式。

一旦你覺得孩子已經能夠掌握這些「感受性字眼」，我們就該繼續討論另外兩個概念了。

🔑 不同的人對同一件事物的感受不盡相同

告訴孩子「我能解決問題」現在將變得稍微困難一些，但她已經有能力應付了。假若你的孩子喜歡遊戲類的活動，你可以說：「我們將要玩『不同的人可能有不同感受』的遊戲。既然我們已經討論過造成兩個人對某件事有相同感受的原因，我們將要討論為何一個人對某件事感到愉悅，但另一個人卻不然。首先，請想出某件可能會讓一個四歲孩子感到快樂，卻可能無法讓奶奶有同樣感覺的事物。」

在她回答之後，你可以說：「現在想出某件可能會讓奶奶感到快樂，卻可能無法讓一個四歲孩子有相同感受的事物。」

以這種模式進行數種不同人物配對的組合，接著再要求孩子想出一些配對，其中包括不尋常或不可能的組合。然後再問他：「你能想出自己做的任何事會讓你和（**讓孩子舉出人名**）對同一件事有不同的感受嗎？」

當尼可拉斯的母親問他這個問題時，他很快就回嘴：「當我不幫忙洗碗時。」這點很有意思，因為不幫忙洗碗正是尼可拉斯和他母親以及妹妹之間產生衝突的主要原因，妹妹不認同他的做法：當他真的幫忙洗碗時，他會臭著一張臉，而如果他沒幫忙，他的母親和妹妹又會很不高興。當然，他的母親愈嘮叨他，他的反彈也就愈大。在進行這項「我能解決問題」的練習之前，這種情形一直都僵持不下。但在尼可拉斯的母親問他，當他在吃過晚飯後就跑開時，他認為她的心裡會有何感受時，某種前所未有的情況發生了。

「妳會覺得氣憤，而且也會有挫折感。」尼可拉斯這麼回答。

因為尼可拉斯現在會考慮母親的感受，也能明確地加以描述，和他過去只純粹感受到他們的憤怒對彼此間的關係所造成的破壞性比起來，他現在更能體會自己的行為對母親以及妹妹所造成的影響。他也能夠以一種他能理解的想法（不同的人對於同一件事會產生不同的感受）來體會他們之間這種矛盾的感受。這是能夠去瞭解其他人觀點的一項關鍵性要素。

在同時，尼可拉斯的母親也為解決他們之間的問題開了一扇窗。現在尼可拉斯瞭解，他將必須同時將自己的感受及母親與妹妹的感受一併考慮，而不能像過去那樣只考慮自己。

莎拉在進行這項活動時則遇到了困難。儘管她已經開始討論讓她產生不同感受的原因，她仍然無法同時考慮讓她產生某種感受的原因對其他人可能會造成何種感受。但考慮到莎拉根本難得會去思考感受（包括她自己的），她的父母對於女兒的進展也覺得很欣慰了。如果再過些日子及練習，莎拉也將有能力思考更複雜的情緒。只是需要時間罷了。

唐娜在參與這項遊戲時遇到的困難較少。當被問到同

一問題時，她表示上網會讓她感到快樂，但卻會讓母親不高興。

「當妳花這麼多時間上網時，妳認為我心裡會有什麼感受呢？」她的母親於是這麼問她。

「擔憂吧。」唐娜說。

這對唐娜來說是一大突破。即便她的母親告訴過她許多次：「我對於妳花這麼多時間在電腦上覺得很憂心。」（使用很普通而且也是許多專家建議的「我」的陳述法），唐娜因此不覺得有必要去注意母親的感受。但是當唐娜必須直接提出一個「感受性字眼」時，這種說法就吸引了她的注意力。她彷彿是第一次感受到了母親的顧慮。

🔑 對於同一件事物有不同的感受

不僅不同的人對於同一件事會產生不同的感受，孩子現在也能瞭解，一個人對於同一件事也可能會有不同的感受。這些感受有時候是連續性的，譬如：尼可拉斯就說：「當我擊出一記高飛球時，我覺得很**自豪**，但當外野手接住我擊出的球時，我會覺得**受挫**。」

莎拉喜歡思考這種問題，而這也有助於她開始思考其他情緒。她說：「當弟弟生病時，我感到**憂心**，而等到他好轉時，我就**放心**了。」而唐娜的想法則是：「當我贏得第一名時，我覺得很快樂，而接著又會因為我的朋友沒能得獎而感到**難過**」——顯露出真誠的同理心。就像八歲孩子中的一位告訴我的：「我在考試失敗時會覺得很**憂慮**，而當我得到好成績時就**放心**了。」

請注意，不僅一般人在不同的時候對同一件事會有不同的感受，孩子也瞭解，我們在同一時間對某件事也可能會產生

不同的感受。也就是，他們對某件事可能會出現相反、前後矛盾或是複雜的情緒。如果能夠瞭解這點，則對情緒的瞭解程度就已經相當老練了。類似莎拉的一些孩子還沒辦法掌握這點，但像尼可拉斯這種社交適應力較為優異的孩子在八歲時就已經能夠達到這樣的程度了。

如果想測試你的孩子在這方面的能力，不妨問他：「你能想出一件會讓你產生兩種不同感受的事情嗎？」

尼可拉斯表示，當他的新腳踏車沒來時，他覺得既失望又不耐煩。他的父親於是說：「現在我們來進行困難一點的問題。你曾經對某件事同時產生好與壞的感受嗎？這就叫複雜的感覺。」

尼可拉斯對這個問題必須很認真去想。最後，他說：「我在學校的舞台劇表演中被選為主角時覺得很**驕傲**，但又**擔心**自己會記不住台詞。」這就是一個完美的例子。尼可拉斯不僅瞭解了這個概念，而且他藉此明確表達出自己的感受，也讓父母有機會來幫助他。他們因此可以鼓勵他專注在自己感到驕傲的感覺上，藉此來克服心中的恐懼。

當唐娜回答這個問題時，她透露了某件她的父母從不知道的事實：「當我贏得籃球比賽中最有價值球員的獎勵時，我覺得很**快樂**，但每個人都靠過來觀賞我的獎品時，我卻覺得很**緊張**。」至目前為止，唐娜的父母都不知道，領到那份獎品對唐娜而言，除了愉悅的感覺之外，還出現過其他任何反應。

可能因為這種練習很新鮮，所以大部分孩子都非常樂在其中。有一位十歲的孩子就說：「當我生病時，我覺得很**失望**，但由於我可以因此不用去上學，又覺得很快樂。」而有一位十一歲的孩子則表示：「當我摔斷腿時，我覺得很沮喪，但對因此而受到的關注卻覺得很**高興**。」一位八歲的孩子則告訴她

的父親：「我很**高興**去參加夏令營，但也因為想家而覺得很**難過**。」十二歲孩子中有一位的父母則對於女兒告訴他們的這段話覺得很有意思：「在考試中作弊的那個男孩被逮到時，我覺得很**高興**。他活該。但因為他這麼做很丟臉，我也為他感到**難過**。」

遊戲與活動

以下是每個家庭都可用以討論情緒問題的一系列遊戲及練習。各位可以找一些你認為適合自己家人的來進行。

電視猜謎遊戲

尼可拉斯想出了一個非常具有創意的遊戲。一天晚上在吃晚餐時，他說：「我們來玩一個電視節目吧。我將當主持人，而你們（指他的父母和妹妹）就當參賽者，待會兒我們再來交換。我將會告訴你們某件發生在我身上的事情，而第一個知道我感受的人就必須趕快按喇叭回答。」尼可拉斯很得意地開始進行這項遊戲。「我認為泰拉偷了我的鉛筆，而且還指控她這項罪行。接著我卻發現，她並沒有偷。現在我會覺得＿＿＿＿＿。拜託喔，誰按一下喇叭嘛。」他們全都笑了起來，而泰拉則說：「很丟臉。」

「妳得到一分了。」尼可拉斯興奮地大叫。

索引卡

給你的孩子一些大約十二公分寬、十七公分長的索引卡，並在每張卡片上寫下一個不同的「感受性字眼」。要求孩子去留意讓他們產生任何特殊感受的某件事或某個人，然後隨

即找出代表那種感受的卡片，並在卡片背面如實記下發生的情況。假如他們無法在事情發生的當下馬上做這件事，他們可以設法牢記重要的細節，並且在稍後再寫下來。

唐娜的父母瞭解女兒不太喜歡講話。對她而言，這些索引卡是一個安全的方式，可以讓她思考及表達現實生活中的事件讓她產生的感受。有一天，她挑了上面印有「挫折」的卡片，並且寫下：「今天當我（在籃球賽中）投籃沒投中時，其他女孩都取笑我。但後來我投了一記漂亮的籃板球時，她們又告訴我，我的表現很棒，我也因此覺得很**自豪**。」

漫畫對話框

就像下一頁的圖畫中所顯示的範例，孩子很喜歡填這種漫畫對話框。你可以要求孩子在每個對話框中填入讓他感到「挫折」的事物。當然，如果孩子希望的話，他也可以畫出五個以上的對話框。假如他針對同一種主題寫了兩個或以上的事物，你可以指出來，並要求他寫一些不同的事物。舉例來說，如果一個對話框中是「球賽沒有贏」，而另一個則是「賽跑沒有贏」就都是在表達沒能獲勝。你可以問孩子：「你能想出某件和沒能獲勝不同的事情嗎？」孩子可能會希望畫出好幾套漫畫對話框，分別代表其他不同的「感受性字眼」譬如：「快樂」、「自豪」、「憂慮」以及「不耐煩」。

你的孩子也可能會希望在對話框的下方或上面畫出有她自己的臉部表情的人物。這些臉部表情是否能真實反應所描述的情緒並不重要。要緊的是，她正在用她自己的方式來詮釋「感受性字眼」。她可以用填入對話框的內容來反應自己或是她想像中的其他某個人的感受。這項練習對於類似唐娜這樣的

孩子來說尤其受用，因為他們通常不輕易公開談論自己的感受。

　　你也可以很容易就將這項練習轉變成一種家庭活動。兄弟姊妹之間可以用類似玩遊戲的方式一起參與，而且比較彼此寫下的內容，藉此瞭解是否有任何相同的描述。尼可拉斯和泰拉就發現，他們對同一種感受寫下了好幾件相同的事情，而進行這種練習也有助於他們更進一步瞭解彼此的想法以及感受。雖然莎拉的弟弟只有四歲，由於年紀太小，還沒辦法讀和寫，不過他還是看得懂莎拉畫的圖畫。莎拉會大聲唸出一些詞彙，而她的弟弟就會告訴她，什麼事會讓他感到「快樂」「難過」「害怕」以及「生氣」——這些他能夠瞭解的「感受性字眼」。莎拉很喜歡聽弟弟說出自己的心聲。這種方法的效果還真的很神奇，讓她因此體認到弟弟和她對某些事情經常有不同的感受。而且在和弟弟玩這項遊戲時，她也想起了父母在和她玩「不同的人有不同感受」的遊戲時，向她介紹過的一項較早期的練習。於是她瞭解，當她佔用電腦時，為何她玩得很開心而弟弟卻很氣憤了，「因為他也希望能玩自己的遊戲呀。」

　　不過，這也是一個能夠讓孩子完全自己進行的絕佳活動，莎拉就經常一個人沉醉其中。她很愛躲在自己的房間裡填寫對話框。她用一種過去從未嘗試過的方式在思考自己及其他人的感受。

　　唐娜也喜愛這項練習，因為她可以在不需要用言語敘述的情況下寫出自己的想法。

有關感受的故事

　　玩這項遊戲時，孩子可以盡其所能的利用各種想得到的

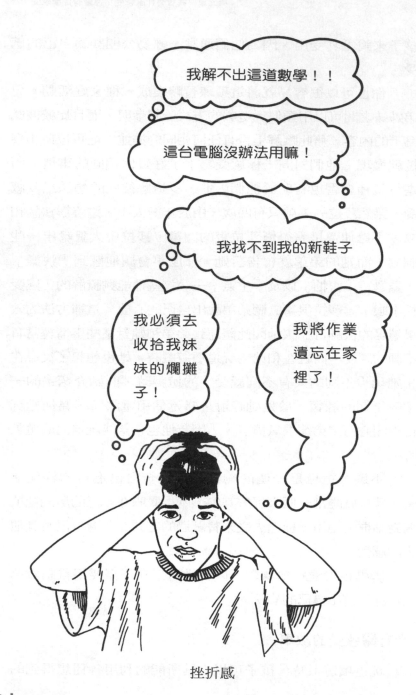

挫折感

「感受性字眼」來編故事。有些家庭很喜歡用派對遊戲「接龍」的形式來一起大聲創作故事。由一個人先起頭，在說出幾句故事內容後就說：「接龍。」下一個人必須再增添一些想法，而這項遊戲就會這麼持續下去，直到最後一個人將故事收尾。

喜歡或偏好寫故事的孩子則可以獨自創作故事內容。譬如，莎拉和唐娜的父母就會提供故事的開頭給女兒，而由這兩個女孩寫下接下來發生的情節。以下就是一則由唐娜所寫出的故事，她的父母建議她可以用這樣的開場白：「兩個小孩在一起玩遊戲。」

> 我和湯美在下西洋棋，而湯美贏了，我因此感到挫折。接著我又因為輸了這盤棋而感到非常失望，於是我要求她再玩一盤，這次我終於獲勝，我也因此而感到驕傲。有一個女孩在棋賽進行到一半時走過來，我很擔心她會干擾我們的比賽，因為她老是愛到處搗亂。而且我也很怕她。但老師要她離開，我對於她不會再干擾我們也覺得鬆了一口氣。接著我又覺得很難過，因為上課時間到了。於是我問湯美放學後可不可以再和她玩，她也答應了。當我到她家時，我在台階上跌了一跤，我覺得很丟臉，因為有很多人看到我跌倒。因此，我趕緊爬起來並跑進她家，這麼一來就沒人會看得到我的臉，我也就放心了。

唐娜對於自己寫出的故事感到很自豪，於是她問父母能否在吃晚飯時朗讀給大家聽。對她而言，這是十分重要的第一步，她克服了不敢讓其他人知道自己感受的恐懼。

你可能留意到，唐娜的故事雖然是杜撰的，卻只和**她的感受**有關，而未提到其他人的感受。她也知道這點，但仍然害怕知道其他人的感受。在下一章，我們將會看到唐娜開始克服這種恐懼感，並進而將其他人以及自己的感受一併納入考慮。

🔒 在現實生活中使用「感受性字眼」

一旦你的家庭能夠自在地使用「感受性字眼」，而孩子也瞭解情緒可能影響我們的各種方式，你就應該開始將這些我介紹過的遊戲以及練習應用在現實生活中。不過，與其從衝突或是問題著手，不如從一種正面的情況展開，譬如，當孩子在某項學校作業中有優異的表現或是在學校舞台劇中得到演出角色時。此時，第一步可以先讓孩子只專注在自己的感受上，之後再要求她去考慮其他人可能有的感受。

無論發生什麼情況，都簡單地問他：「當_____時，你有什麼樣的感受呢？」

一旦你開始想尋找自然產生的機會來詢問有關感受的問題時，你將發現垂手可得。

尼可拉斯的父母就問他，當他想出某種電腦遊戲的解答時，他心裡出現何種感受。他滿臉笑容地說：「驕傲。」另一方面，如果他在足球賽中沒有很理想的表現時，他也能毫無困難地透露自己覺得很「挫折」。

當他開始不斷纏著母親追問何時能得到新的電腦遊戲時，她趁機反問他：「如果你必須等到生日的時候才能得到的話，你會有什麼感受呢？」而他也回答：「不耐煩。」「你的生日是下個月喔。」她提醒他。「等到你的電腦遊戲終於來

時，你想你又會有什麼感受呢？」「高興，」他說。在這段談話之後，他不再向母親追問有關禮物的事情了。由於他專心沉醉在自己的快樂之中，也因此能夠處理自己不耐煩的情緒。

在另一天，尼可拉斯對妹妹大發雷霆，因為她踩到了他的模型飛機，而且還將它踩碎了。由於這架飛機對他而言極為珍貴，他的表現因此異於尋常，而且難以控制自己的怒氣。

尼可拉斯的父親抓住這個機會，等到他認為尼可拉斯能夠冷靜的討論這件事的時候立刻就問他：「你為什麼不告訴妹妹，你對這件事的感受呢？」這個建議（不算是一個問題）得到的回應是：「我不想嘛。我可能會打爛她的頭。」「你會因為這件事而想要傷害妹妹嗎？」他的父親問道。「會的！」尼可拉斯回答。「假如你真的傷害了她，你會有什麼樣的感受呢？」「很棒啊！我真的快氣瘋了。」「假如你傷害了泰拉，你還會不會有其他任何感受？」尼可拉斯遲疑了一下。他仍然在盛怒之中，但他說：「我猜如果我真的傷害了她，我會覺得很難過吧。」接著他想起學到的新詞彙，於是說：「我也會感同身受。」

真是一段寶貴而重要的談話。這段談話不僅阻止了尼可拉斯做出會讓他感到極為愧疚及擔憂的傷害性舉動（就像十一歲的堤姆在憤怒之下扭斷了妹妹的手臂一樣），而且也讓他有機會去思考，如果他在其他時候出現這些感受時，將必須怎麼做。這種領悟將指引他安然渡過之後所有必須解決問題的階段。

儘管莎拉能夠在不焦慮或是假設性的情況下寫出心裡的感受（她很熱愛漫畫對話框），她的憤怒及挫折感還是阻擋了任何與快樂和驕傲有關的想法，而她也還是不願意在現實生活中出現衝突的當下談論自己的感受。在一段時間之後，她

的父母想讓她感到輕鬆一點，於是會主動指出幾個「感受性字眼」，並要她只需從中加以挑選就可以了，有些選擇還很明顯，甚至有點可笑。一天，她的父親就問她：「今天當妳的朋友在學校打妳的時候，妳有什麼感受，驕傲、放心或是憤怒？」莎拉笑了起來，但這是重要的一刻——**她和父母間的對話方式有了某種改變。**

莎拉不是唯一遇到困難的人，她的父母偶爾也會在談論感受時覺得不自在。再加上她經常會出現冥頑不靈的行為，讓他們感到很惱火，結果還是會出現威權式的管教方式。

由於莎拉上課時常不聽老師講課，不是在底下塗鴉，就是和隔壁的同學講話，因此她在學校裡的表現也不佳。我問莎拉的母親，當老師在莎拉從學校拿回家的紙條上記載的都是不怎麼光彩的事情時，她會有什麼反應。她的母親說：「我會將她禁足，然後要求她寫作業」——**這就套用了「威權法」。**

「接下來會發生什麼事呢？」我問她。

「她會說她沒什麼作業好寫的，然後就回到她自己的房間，重重關上房門。」此時，情緒就將開始逐漸失去控制了。

莎拉、她的母親和我一起坐下來討論這件事。首先，莎拉和我互相討論有關她喜歡做的事。我瞭解了她喜歡畫畫。我於是要求她畫出當她沒聽老師講課時所做的事。她的臉上始終掛著微笑，然後不僅畫出了正在和隔壁同學說話的自己，還將火冒三丈的老師畫了出來。

接下來，我要她告訴我某件會讓她感到驕傲的事情，她在前面的練習中已經和父母討論過這點，於是很快就回答：「當我旋轉著溜冰時。」

接著我要她告訴我什麼事會讓她產生挫折感。由於她最

近正好特別注意到這個詞彙，於是臉上浮起了一抹會意的笑容：「當媽媽不讓我看電視的時候。」我緊接著問她：「當妳考試不及格時，有什麼感受？」「挫～折～感～。」她回答時還故意拉長音，想強調這個她開始很愛用的字眼。「假如考試順利通過了，妳又會有什麼感覺呢？」「驕~傲~。」她的回應還是一樣熱切。我接著問道：「妳能做什麼事來讓自己感到驕傲呢？」「注意聽老師說話。」「假如妳這麼做，妳想老師會有什麼感覺？」「驕傲。」

隔天，她的母親樂不可支地打電話給我，她說：「猜猜看今天莎拉跟老師說什麼，她告訴她的老師：『我將要讓你感到驕傲，而且再也不會有挫折感。』」

驕傲和挫折感這兩個字眼，可能早就在莎拉的詞彙裡了，只不過她很少（如果曾經有過的話）思索它們的意義罷了，開始讓這個孩子脫胎換骨了嗎？

對於唐娜這個畏縮的孩子而言，她可能還需要一點時間，才能夠或是願意在遊戲以外的情境中開口說出這兩個字眼。由於瞭解了其他人的感受（包括她自己的），當她對某件事感到快樂或是驕傲時，她也確實會讓父母知道，但她還是花了稍微更長一些的時間，才願意吐露出有關難過、憤怒、挫折、及失望等負面感受。

🔒 其他與「感受性字眼」有關的迷你對話

你現在可能正要使用「問題解決法」來進行第一階段的「我能解決問題」對話。在一開始，你只需專注在人的情緒上。就像前面提過的，藉由一次只專心在對話過程的一部分，你將能夠更輕鬆地適應這種方法。舉例來說，如果你的兒

子對他妹妹吼叫，你就可以問他：「當你對妹妹吼叫時，你心裡有什麼感受呢？」假如孩子的回答是：「很爽啊。」你就可以問他：「你還會有其他任何不同的感受嗎？」

你的孩子在剛開始時可能不會回答這個問題，但你卻已經在對他潛移默化，讓他警覺，他在同一時間有可能會出現好幾種相互矛盾的感受。

你接著還可以問他：「妹妹對你這種行為又會有什麼感受呢？」在孩子回答之後，問他：「她還會有其他什麼感受呢？」到這時候你就能以下面這道問題來總結這段對話。「你能想出不同的方式來告訴妹妹你心裡的感受嗎？」

藉由這段對話，你就能鼓勵兒子更敏銳地去探索自己以及妹妹的感受。這將有助於他更有能力去處理妹妹對他造成的挫折感，並從中和地解決紛爭。

總 結

- 即便你的子女看起來很排拒，你還是必須找機會跟他們討論與感受有關的事情。而且讓子女曉得，假如他們想討論這類話題的話，可以隨時來找你。即便你的兒子覺得需要獨立自主，而且表現出一副「男子氣概」的樣子，也千萬不要因此在情感上與兒子疏離。
- 與其告訴孩子你認為他們會有什麼感受，不如要求孩子告訴你他們對某件事的感受。
- 要求孩子告訴你，他們認為自己的兄弟姊妹或朋友對某件事情可能會有何種感受。
- 請孩子告訴你，他們認為你對某件事有何種感受。

- 當孩子談論他們對於在衝突中所發生的事情有什麼樣的感受時，不妨要求他們思考其他人對這件事是否有相同或不同的感受。
- 如果想幫助孩子妥善處理生活中的挫折感及失望，請引導他們去思考他們現在的感受以及日後可能會產生的感受。
- 引導孩子想出可能出現的「複雜」情緒，你可以要求他們思考，他們是否會在同一時間對某件事產生相反的感覺。專注在正面的情緒上有助於緩和焦慮或是其他情緒上的壓力。
- 引導孩子去思考，其他人對某件事是否也可能會產生複雜的情緒。
- 和孩子討論正面以及負面的情緒。

☞ 小叮嚀：

情感親近度並不會影響孩子的獨立發展，反而會讓孩子覺得自己是在安全的範圍內確立自己的獨立性。

現在則讓我們將注意力轉移到另一個成為問題解決者的先決條件：傾聽的能力。

第四章

有人在注意聽我說話嗎？

假如你在想：「我的孩子向來把我的話當耳邊風。」
你的孩子是否也在想：「從來都沒人注意聽我說的話？」

珍和莉安是一家保險公司的同事，她們兩人在走廊上相遇。「我們必須將我們下週二要在員工會議上演說的內容擬出大綱才行。」珍說：「我們來找個時間一起討論一下。禮拜四下午三點妳有空嗎？」

莉安心不在焉地說：「妳聽說了有關新的電話政策的事了嗎？我簡直不敢相信！」

莉安完全沒聽進去珍說的任何一句話。

我們都曾經遇過類似的情況。有時候就和珍一樣，我們也瞭解對方對我們傳達的訊息置若罔聞。當這種情形發生你身上時，你有何感受？

也有些時候，我們會像莉安一樣，結束一場談話之後完全想不起其他人說過的話。因為我們的注意力完全集中在自己想訴說的內容上，在談話過程中只掛念著自己要如何開口。當你結束一場類似這種情況的談話時，心裡有何感受？

現在不妨回想一下你和孩子之間的對話。你有多常會問他們是否有在專心聽你說話？

你是否曾經停下來反省自己是否有聽到（真的聽進去）他們說的話？

我們多半將傾聽視為理所當然的事。但我們之中卻有許

多人（大人和小孩都一樣）並沒有專心傾聽。也因為如此，我們才無法解決問題。假如我們沒有認真地傾聽別人對我們說的話或是我們對別人說的話，我們就不知道問題在哪裡，以及該採取什麼行動。

　　我們就以上述珍和莉安的例子來說明好了。莉安並不是故意不尊重對方，她只是掛念著其他的事，而且無法先將其擱置一旁。結果，這兩位女士最後只是在各說各話，而未能將意思傳達給對方。這種情況也發生在家裡。我們會對我們自以為聽到的說法做出回應，也會說一些對方根本沒聽進去的話。我們對於其他人的感受及想法有錯誤的假設，也因此有些問題永遠都無法獲得解決。沒辦法專心傾聽是導致許多衝突的根源。「傾聽」及「關心」對每個人都很重要——夫妻之間、父母與子女之間也是一樣。沒有人喜歡自己說的話被當作耳邊風的感覺。

　　傾聽的能力是解決問題的能力中第三大核心要素。當我們學會當良好的傾聽者，並真正專心聽對方說話內容時，我們就能：

- 尊重對方，顯示我們關心他或她所說的內容。
- 避免對他人的想法與感受有錯誤的結論，也有助於我們預防潛在的衝突。
- 瞭解其他人對某些事情的想法及感受是否與我們不同，這也是解決問題的先決條件。
- 留意是幫助我們瞭解其他人的想法及感受的重要線索。

　　造成我們沒辦法一直注意聽別人說話的原因有許多。有

時我們是因為過於專注在自己的感受及想法中，以致無法專心聽其他人說的話。有時我們是故意不去理會（選擇不去聽）原因則純粹是我們沒興趣或是感到憤怒。幾乎沒什麼事情會比一個看起來像在聽話實則不然的孩子更讓父母生氣的。假如你認為自己的孩子經常不理會你說的話，造成她這種行為的原因也許有幾種：

- 她對於「威權」已經麻痺了，也不再害怕受到懲罰
- 你提供的「建議」她已經想出來了
- 你苦口婆心的「說明」她已經聽過或知道了

幸運的是，「問題解決法」的最大優點正是孩子會因為參與談話而注意傾聽。另外有一點也很重要，你將發現自己比較會去傾聽孩子的心聲。

但在展開真正的「我能解決問題」對話之前，我們還必須改進我們自己以及孩子的傾聽技巧。以下提供各位一些訣竅，即便是最不聽話的孩子也能因此學會傾聽，而同時，連最佳的傾聽者也能藉此改善傾聽的技巧。

🔒 教孩子傾聽

培養孩子良好傾聽習慣的最佳方式就是效法好的傾聽技巧。如果父母雙方真能專心聽對方說話，不僅關係能獲得改善，而且還能向孩子證明關注的價值與重要性。

有幾種遊戲可教導孩子傾聽的技巧。以下是一種青春期前的孩子很喜歡玩的遊戲。這種遊戲叫「無厘頭短劇」。

這個遊戲的構想是以誇張的方式來證明，當有人不注意

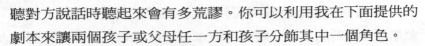

聽對方說話時聽起來會有多荒謬。你可以利用我在下面提供的劇本來讓兩個孩子或父母任一方和孩子分飾其中一個角色。

在一開始請先跟孩子說：

我們將玩一些「無厘頭短劇」的遊戲。請注意聽這段談話。這兩個人彼此對話的方式會有點可笑。在這段對話結束時，請告訴我你覺得好笑的原因。

A：「我在聖誕節時收到一輛跑車。」

B：「我不喜歡藍莓。」

A：「我的跑車是這條街上最炫的一輛。」

B：「我媽昨晚強迫我吃藍莓。」

A：「車身是大紅色的呦，車頂則是雪白的顏色。」

B：「我今天覺得很不舒服。」

A：「我還收到其他禮物呢。」

B：「我寧可吃巧克力蛋糕。」

A：「我還收到一件新襯衫。」

B：「我媽媽說吃那種東西對我的牙齒不好。」

A：「怎麼會呢？」

B：「我將會蛀牙，而且還會變胖。」

A：「一件新襯衫怎麼會讓你蛀牙、還會變胖呢？」

如果你的孩子說：「這兩個角色都沒在聽對方說的話嘛。」你就問孩子：「他們有聽到對方說的話或是只聽見自己的？」在孩子回答之後，你可以接著說：「現在讓我們再聽一遍這段對話。其中有一個地方A**真的**聽到了B說的話。當你聽到這點時，請舉手讓我知道。」（或是輕輕敲你的膝蓋——看你的孩子喜歡哪種方式）。

當孩子正確指出確實有傾聽的時刻時，你不妨為這個遊戲增添一段新的內容。這次，要求孩子自己想出一種能證明這個人確實有聽對方說話的回答方式。舉例來說：

A：「我在聖誕節時收到一輛跑車。」

現在問孩子：「B說什麼或問什麼才能證明他確實聽到了A說的話？」

B：_____

在孩子提供B的回答之後，再要求孩子：「現在由你自己編其餘的對白，而且要讓每個人物都聽到了對方說的話，讓這段對話不再那麼無厘頭。」

以下是另一段你可以跟孩子玩的「無厘頭短劇」。這次告訴他必須仔細聽出B確實有聽A說話的部分，並且在聽出來的時候，舉手讓你知道。

A：「我今天覺得很沮喪。」
B：「我在生日時收到一雙新鞋。」
A：「我吹爆了五個汽球，而且它們全都啪的一聲就爆掉了。」
B：「我的鞋子是白色的，而鞋尖則是咖啡色的。」
A：「我有兩個藍色的汽球以及三個黃色的汽球。」
B：「我希望我的鞋子是紅色的，而鞋尖是粉紅色的。」
A：「我希望我能將汽球充好氣，但不弄破它們。」

B：「這很難辦到吧。」

A：「我知道。你一定要非常小心。」

B：「不過，你怎麼會想要給鞋子充氣呢？」

一旦孩子能夠正確指出傾聽時刻時，你就可以要求他編出一齣不會無厘頭的短劇。重新從第一段對話開始。

A：「我今天覺得很沮喪。」

在這段話之後，鼓勵孩子編出自己的「無厘頭短劇」。我發現孩子很喜歡這類的活動：可開發他們本身的創造力。一個孩子就能自行創作出一齣短劇，並讀給全家聽，或者也能由幾個孩子一起創作出一齣短劇，由每個人扮演一個角色。你可以建議孩子在短劇中包含幾段可顯示這兩個人物確實有聽對方說話的對白，並指示他們在這幾段對白旁邊加註叉號「X」。

以下是尼可拉斯玩笑似地創作出的一齣短劇：

A：「我的鉛筆掉了。」

B：「我想做漢堡，結果卻把肉給燒焦了。」

A：「你還有多的鉛筆嗎？」

B：「我媽一定會氣瘋了，因為我把漢堡給毀了。」

A：「看來我的鉛筆是找不回來了。」

B：「你知道怎麼做飯嗎？」

A：「沒有鉛筆，我就沒辦法寫我的功課了。」

X　B：「你想要用我的鉛筆嗎？」

A：「會呀，我知道怎麼做飯。」

B：「我會拿一枝鉛筆借你。」

Ｘ　Ａ：「謝謝你。」

　　從這齣短劇也顯示出尼可拉斯有能力玩這種遊戲，因為他成功創造出了兩個有各自需求的人物。他的家人尤其喜歡聽尼可拉斯標記有「Ｘ」記號的對白。

　　尼可拉斯接著和妹妹泰拉改寫了這齣短劇來反應良好傾聽的情形。

　　Ａ：「我的鉛筆掉了。」
　　Ｂ：「這裡有，你可以用我的。」
　　Ａ：「謝謝。」
　　Ｂ：「我把漢堡肉給燒焦了。」
　　Ａ：「怎麼會這樣呢？」
　　Ｂ：「我煮得太久了。媽媽一定會氣瘋了。」
　　Ａ：「跟她道歉就好啦。」
　　Ｂ：「也對。」

　　其他孩子對「無厘頭短劇」的反應又是如何呢？莎拉很喜歡。她和母親一起讀這些對白時笑得好開心。儘管她沒辦法編出自己的短劇，因為她仍然對於向其他人表達自己的想法及感受感到遲疑，但她瞭解這是怎麼一回事。

　　唐娜則很感興趣，並寫了一齣包括了人物感受的短劇。

　　Ａ：「魯佛斯（小狗）今天跑走了。」
　　Ｂ：「我的小鳥會打招呼耶。」
　　Ａ：「我很愛魯佛斯。」
　　Ｂ：「我教過我的小鳥說話。」

　　A：「我很怕他會死掉。」
　X B：「我會買一條狗送你。」
　X A：「謝謝你。」

　　在孩子熟悉了這項活動之後，你就可以問他：「你認為我們為什麼要編這些『無厘頭短劇』呢？我們從這些對白中學到了什麼？」

　　假如孩子能夠正確說出答案，就該是開始將這些「無厘頭短劇」應用在現實生活中的時候了。下一次如果你看到孩子似乎沒在專心聽你或是他的兄弟姊妹說話時，你就只要問他：「你還記得『無厘頭短劇』吧？你有在聽我說話嗎？」

　　莎拉的母親發現了一種能夠將「無厘頭短劇」融入日常生活的巧妙方式。每當她覺得莎拉沒在注意聽時，她就會輕描淡寫地說：「我在聖誕節的時候收到一輛跑車喔。」這是她的快捷法，她用這種方式溫和且幽默地提醒莎拉傾聽的必要。而莎拉也總會會心一笑。

　　莎拉也開始瞭解，如果她不注意聽別人說話，會讓對方感到困擾。幾天之後，莎拉告訴母親：「有時候我並沒有注意聽其他小朋友希望做的事。芭比就會跟我說，我都只關心自己。」在進行「我能解決問題」的練習之前，莎拉可能也沒關心過這點。

　　另一位練習「我能解決問題」的十歲女孩，在她被問到朋友是否在意她有時候會沒注意聽他們說話時，提出了一番重要的見解：「我的朋友唱了一首歌，而我並沒有注意聽。她於是說我傷了她的心。」接著她又補充：「我想，我還應該注意聽老師說的話，這樣我在學校就會有更好的表現了。」

🔒 為什麼要注意傾聽？

就像我在前面提過的，注意聽別人說話是尊重他人的表現。但還有其他重要的理由：這對我們解決問題的能力也能產生直接的影響。

🔑 避免錯誤的結論

不傾聽及不專注有時可能會讓你只聽到別人說的一部分內容，也會導致錯誤的結論及衝突，而這些原本都是可以避免的。

我們就拿兩個小四生為例來說明。麗莎希望瑪麗亞不要再取笑她，因此她說：「假如妳再繼續取笑我，妳就不能來參加我的派對了。」但瑪麗亞只聽到：「妳就不能來參加我的派對了。」結果，她覺得自己受到排擠。麗莎並沒有排擠瑪麗亞的想法；她只是希望瑪麗亞停止取笑的行為。因此瑪麗亞被排擠的感覺是沒有根據的。而在同時，由於瑪麗亞並沒有注意聽別人說話，她也永遠無法解決麗莎的談話中更重要的第二部分——她必須停止再取笑麗莎。也因此這場衝突還是沒完沒了，無法獲得解決，而這全都起因於錯誤的傾聽方式。

有一個極受歡迎的派對遊戲「打電話」也是一種用有趣的方式來幫助孩子注重傾聽完整的訊息。

遊戲開始時由第一個人以極為快速的方式低聲在另一個人的耳邊傳達一則訊息。而第二個人再將聽到的訊息低聲傳達給第三個人，到最後在場的每個人都聽到了一則耳語訊息。此時最後一個人就要大聲說出他所聽到的內容——幾乎一定會變得不知所云，而且和原先說出的版本大相逕庭。

喜歡一起玩「打電話」的家庭可自行創造耳語訊息。或者你也可以試試以下這幾則：

- 當我很疲倦時，我不喜歡跑步，因為我可能會撞到一棵樹，並摔倒在地上，因此輸了比賽。
- 我飛去拉斯維加斯，而且我沒有搭飛機，因為我是用自己的雙臂飛翔去的，而且還在兩天之內贏了一千塊。
- 我吃了一些葵花子和醬瓜，到夜裡我會在天空飛翔，而且除了白天之外，我不喜歡睡覺。

接下來，你可以擴展這項遊戲，並專注在「**你聽到完整訊息了嗎？**」的問題上。

向家人介紹以下這齣短劇。可以由家裡的任何人來唸其中的台詞，唐娜和她父親就是這麼練習，或者你也可以利用木偶來表演。

唐娜：「山米是個膽小鬼。」

父親：「他說了什麼嗎？」

唐娜：「他很怕蒼蠅。」

父親：「妳聽清楚完整訊息了嗎？」

唐娜：「我想有吧。」

父親：「妳為什麼不再問他一次，以確定妳聽懂了完整的訊息。」

（唐娜走開了，假裝是去上學。）

唐娜：（停頓了許久）「我去上學了，也跟山米談過話了。他說他不怕蒼蠅。」

父親：「那他怕什麼呢？」

唐娜：「他說他害怕殺蒼蠅。」

父親：「噢，所以第一次妳只聽到了部分內容。」

唐娜：「是呀。」

等到他們演完這齣短劇，唐娜的父親就問她幾道有關這齣短劇的問題：

- 山米的完整訊息是什麼？
- 妳沒聽到的訊息是什麼？
- 妳從唸這齣短劇的對白中學到了什麼？
- 注意聽其他人說話的內容為什麼很重要？

🔑 在現實生活中聽懂完整訊息

有一天唐娜回家時告訴父母：「茱蒂不喜歡我。」她的父親問她是怎麼知道的，唐娜說：「她告訴我的。」她的父親接著問她：「妳還記得我們演過的那齣有關要聽懂完整訊息的短劇嗎？」「記得呀。」唐娜回答。「妳確定妳聽到了完整的訊息嗎？」父親問她。「是呀。」唐娜回答。她的父親接著再問她：「妳如何才能確定自己已經獲得了完整的訊息？」「我可以問她呀？」唐娜回答。第二天唐娜跑回家興奮地大聲宣佈：「茱蒂喜歡我耶。」「怎麼回事？」她的父親問。「她說我對她說謊時她就不喜歡我。」

唐娜的父親於是就藉這個機會跟她進行了一段重要的對話：

父親：「妳從這件事當中學到了什麼？」

唐娜：「必須獲取完整的訊息。」

父親：「是的，注意傾聽。在妳獲取完整訊息之前，妳有什麼樣的感受？」

唐娜：「難過……以及擔憂。」

父親：「妳現在又有什麼樣的感受呢？」

唐娜：「快樂……以及放心。而且我再也不會對她說謊了。」

其他孩子在我要求之下也考慮了這種情形。「你能想出一種由於只聽到部分訊息而非完整訊息，因此獲得錯誤訊息的情況嗎？」

我聽到湯米（我弟弟）說他要揍我。

完整的訊息則是：……假如我再不停止騎他的腳踏車的話。

我聽到路易莎揚言要告訴所有的小朋友我背上有痣的事情。

完整的訊息則是：……假如再對她說一次謊的話。

瞭解別人的希望

注意聽別人說話還有另一個重要的原因，這將有助於我們瞭解他們的想法和感受。如果我們能這麼做的話，可藉此瞭解其他人對同一件事可能和我們有不同的想法與感受。

以下是一項全家可以在晚餐時間、車上、或是大家聚在一起的任何時間進行的練習。尼可拉斯和他的家人就以下面這種方式開始：

母親：「我將要跟你們說五件我喜歡的事以及五件我不

喜歡的事。你們要仔細聽好，因為你們必須記住這些內容。」
　　我喜歡的事：

- 漢堡
- 神秘小說
- 藍色
- 填字遊戲
- 尼可拉斯整理房間時

我不喜歡的事：

- 尼可拉斯和泰拉打架時
- 尼可拉斯像狗窩一樣的房間
- 橘色
- 和我的孩子爭執
- 重金屬搖滾樂

　　尼可拉斯說出了他母親提到的大部分事情，泰拉則記得其他幾件事，而最後由父親將這份清單完成。接著就換尼可拉斯和泰拉分別指出他們喜歡和不喜歡的事，他們對這個活動很有興趣。爸爸也輪到一次機會。

　　在每個人都玩過之後，尼可拉斯的母親就問大家：「我們為什麼要玩這個遊戲呢？玩這個遊戲你們必須掌握什麼技巧？」「傾聽。」尼可拉斯像在朗讀詩歌一般。「專注。」泰拉回答。「我們對彼此瞭解了什麼過去不知道的事嗎？」母親問道。泰拉說她從不知道媽媽喜歡填字遊戲。「瞭解對方的事情對於我們解決彼此間的問題能有什麼樣的幫助呢？」母親問道。尼可拉斯瞭解了。他說：「我會盡量不要將我的房間弄得像狗窩一樣。」而爸爸則可以警惕自己，千萬不要買橘色的襯衫當作妻子的生日禮物（就算那件襯衫再怎麼吸引他的目光也不行）。

　　莎拉很喜歡這個遊戲，當輪到她來指出自己喜歡的事情時，她說：「我希望學會玩打鼓」——這件事她的父母就從來都不曉得。

　　他們很高興知道這點，因此熱切地想買一套鼓具送她，不過，他們先跟她討論了練習的適當時機，以免吵到別人。莎拉很快就發現自己對這項新嗜好極為投入，也非常興奮。這個簡單的記憶力遊戲對莎拉和她的家人來說是一個轉捩點。

　　甚至連唐娜這種不太喜歡說話的女孩都找到了參與這項活動的方式。在她的母親指出了五件她喜歡的事和五件她不喜歡的事之後，唐娜寫下了自己記得的幾個項目，然後將名單交給母親。唐娜對自己能夠辦到這點感到很自豪——而且的確有道理。唐娜必須非常專心的聽才能記住母親列出的項目。

　　這項遊戲還有一個比較富挑戰性的玩法，我們可以將第三章中介紹過的「感受性字眼」的使用跟這項遊戲結合在一起。一個人可以指出五種不同的感受，並針對這五種不同感受的每一種，向其他人舉出能夠引發這種感受的一項實例。其他人則必須同時記住不同的感受及與其相關的例子。

　　尼可拉斯和泰拉的母親開始玩這項遊戲時是這樣說的：

・當我們外出用餐時，我覺得很**快樂**。
・當尼可拉斯沒有準時回家吃晚餐時，我覺得很**擔心**。
・當尼可拉斯和泰拉打架時，我覺得很**生氣**。
・當沒人注意聽我說的話時，我覺得很**沮喪**。
・當有人受傷時，我會覺得**感同身受**。

　　家裡的每個人都可以選擇他或她自己的「感受性字眼」，而這些「感受性字眼」的數目可依參與遊戲的孩子的能

力及興趣來決定。如果想讓這個遊戲增加困難度，不妨試試在所有人都輪過之後，看是否還有人能記得母親說過的內容。另一種更吃力的玩法是要求每個人指出某件會讓他產生「複雜情緒」的事情（可參考第三章的說明）。

從玩這個遊戲當中，尼可拉斯瞭解了妹妹喜歡看恐怖電影。假如她沒告訴他的話，他永遠也不會知道。

🔑 留意重要的線索

最後，當孩子學會用心傾聽時，他們也將瞭解必須留意能讓他們得知其他人感受的重要線索。這些線索可能包括臉部表情、身體語言、說話語氣、甚至是別人實際說出的內容。

舉例來說，如果我很喜歡震耳欲聾的搖滾樂，而有朋友進門後皺了皺眉頭，我會留意到她的臉部表情，或者我會因為過於沉醉而沒有注意？如果她很快就離開了房間，我應該做出什麼樣的結論：她喜歡這種音樂或是想去其他地方？或者我完全沒有考慮過她的表情？假如她很坦率地告訴我，音樂實在太吵了，我聽得到她說的話嗎？

如果想幫助孩子學會去留意視覺及言語上的線索（尤其是那些可預告一個人對同一件事會出現不同感受的線索），你們可以玩「為什麼會這樣？」的遊戲。你可以跟孩子說：

> 莎莉被選為班級話劇的主角。她覺得非常高興及驕傲。
> 安卓亞則被選為全校話劇公演中的主角。她卻覺得很焦慮和擔心。為什麼會這樣呢？

假如你有兩個或更多孩子，就可以讓每個孩子針對每種情節提出一種理由。假如你只有一個孩子，你可以自己提出一

個理由，接著再由孩子想出一個不同的。

在你們已經想出幾種可能性之後，你可以問孩子：

- 你從觀察莎莉對這件事的感受中能瞭解什麼？
- 你從觀察安卓亞對這件事的感受中能瞭解什麼？
- 你從傾聽莎莉說的話當中能瞭解什麼？
- 你從傾聽安卓亞說的話當中能瞭解什麼？

以下是其他一些你們可以嘗試討論的情節：

一個十歲的孩子和她的母親對於她的房間髒亂的情況有不同的感受。

- 這個十歲的孩子可能會有什麼樣的感受？
- 她的母親可能會有什麼樣的感受？
- 你從觀察這個十歲的孩子（或母親）對這件事的感受中能瞭解什麼？
- 你從傾聽這個十歲的孩子（或母親）說的話當中能瞭解什麼？

法蘭克和德瑞克兩個人乘坐摩天輪，他們對這趟摩天輪的乘坐經驗有不同的感受。

- 每個孩子可能會有什麼樣的感受？
- 你如何才能判定？

現在就讓你的孩子自己編出一些例子。

這種遊戲玩起來比聽起來要困難，因為孩子在回答時經

常會描述其他孩子對不同經驗的感受。當唐娜被問到有關瓊安和金妮對於在雪中玩耍的感受時，她就說：「瓊安對於在雪中玩耍感到很快樂。」以及「金妮很難過，因為她現在正在受罰，所以不能外出，也不能在雪中玩。」

但我們討論的重點在於瓊安和金妮對同一件事（在此指在雪中玩）為什麼會產生截然不同的感受。為了讓唐娜專注在這個問題上，她的母親只得問她：「瓊安和金妮對於在雪中玩這件事有可能產生不同的感受嗎？」當唐娜依舊不得要領時，她的母親於是問她：「瓊安對於在雪中玩有什麼感受呢？」唐娜於是回答：「很快樂，因為她可以玩雪球。」她的母親接著又問她：「請想出一個金妮對於在雪中玩可能會有不同感受的理由。」唐娜說：「因為她老是摔跤，所以覺得很氣餒。」此時她已經瞭解為何瓊安和金妮對於同一個活動可能會產生不同的感受了。

甚至連尼可拉斯在一開始都對這點感到困擾。在他想出的例子中，湯米因為加入了足球隊而覺得很高興，而特洛伊則因為無法加入足球隊而非常妒忌。為了幫助他瞭解這個概念，他的母親也必須提醒他：「這兩個男孩有可能對於加入足球隊有不同的感受嗎？」「是呀，一個可能會因為自己被選上而感到驕傲，而另一個則可能會害怕受傷。」尼可拉斯回答。

鼓勵孩子藉由留意其他人的臉部表情、身體語言及其他線索，可以想出不同的人對同一件事可能產生不同感受的原因，這種方式也能幫助他們傾聽和專注在現實生活中的重要線索。

現實生活

　　尼可拉斯能夠順利結交朋友及保持友誼的部分原因在於他是一個很好的傾聽者。正如我在第一章中介紹的，他不會因為朋友在最後一刻才打電話告訴他沒辦法跟他去看電影而大發雷霆，尼可拉斯聽進去了朋友的解釋（他生病了），也關心朋友的需求。

　　相形之下，我們再仔細想想當莎拉希望和卡拉玩踢球時所發生的事。卡拉拒絕了——但莎拉因為很渴望能玩球，以致於沒聽清楚卡拉拒絕的理由。她也沒留意到，當她要求玩踢球時，卡拉顯得無精打采，頭也別開了，臉上毫無表情。莎拉如果聽進去了卡拉說的話，也注意到了她不感興趣的線索，她可能就能認清，卡拉和她對玩踢球這件事有不一樣的感受，並也許能因此發現她實際上想從事的活動。但莎拉卻由於過於專注在自己的渴望上，以致除了懇求卡拉之外想不出其他辦法。最後，她還因為惱羞成怒而氣沖沖地跑開了。這兩個孩子也因此再也沒一塊兒玩了。

　　「我能解決問題」的練習中有一項是由父母要求孩子去思考，他們能否光從觀察對方的表情中就瞭解一些訊息。有一位十二歲的小女孩說：「學校裡有一個新來的小朋友心眼很壞。我會這麼覺得是因為她老是衝撞別人，還將他們撞出走道。」另一個女孩則對於自己留意到朋友難過的表情而覺得很欣慰。她告訴爸爸：「我問她出了什麼事，她告訴我，她養的小鳥死了，我於是安慰她，也讓她心情變好了。」

　　唐娜雖然在人際關係上很畏縮，卻對於言語和非言語的線索極為敏感，但她不知道如何處理對方提供她的這些訊息。她的反應經常是噘著嘴從對方身邊走開。由於她並不善於

想出變通的解決辦法或是按次序規劃（她的父母還沒教她這兩種解決問題的技巧），唐娜因此覺得最安全的方式就是迅速避開難相處的人，以及對她無法解決的問題敬而遠之。類似唐娜這樣的孩子，在使用這種技巧上所需要的協助，其實沒有莎拉這類的孩子多，但還是有必要學習其他的技巧，才能善加利用自己對線索的敏感度——唐娜和莎拉兩個人都將在第六、七、八章中學到這些技巧。

🗝 利用「問題解決法」：在現實生活中進行「我能解決問題」的對話

現在該是將所有這些才剛鍛練過的傾聽技巧實際應用在「我能解決問題」的對話中了。

假設你的兒子希望和他的妹妹下西洋棋，但卻遭到斷然拒絕。你就可以跟兒子說：

- 當妹妹不願意和你下西洋棋時，你有什麼樣的感受呢？
- 當你因為生氣而責罵妹妹時，你認為她會有什麼樣的感受？

在孩子回答之後，你可以說：「你想要下西洋棋，但妹妹不願意。你曉得妹妹喜歡做什麼嗎？你現在能想出一個利用這類訊息的方法嗎？」

重要的一點是，你必須要求兒子弄清楚，妹妹不願意跟他下西洋棋的原因是，由於缺乏興趣或是因為當時剛好不想下西洋棋。假如是後者，你的兒子就可以找出妹妹比較想從事的

活動。假如她什麼事也不想做，則你的兒子必須瞭解這點，並想辦法尊重這點。經由傾聽及關心並學會不要只專注在自己的偏見與希望上，你的孩子就已經採取了一個重要的步驟，並可望在最後解決這場衝突。

現在我們再來瞭解，致力發展傾聽技巧能對莎拉產生什麼樣的幫助。她抱怨其他小朋友都不想跟她玩，而且也都不喜歡她。在過去，莎拉的母親在聽到莎拉有霸凌的行為時，都會對莎拉下禁足令（威權法），或是告訴她在學校時必須和善地對待其他小朋友（建議法），甚至解釋她沒有朋友都是因為她讓其他人很怕她的緣故（說明法）。但這次莎拉的母親開始以「問題解決法」來開導莎拉，她問女兒：「當妳欺負其他小朋友時，妳認為他們會有什麼樣的感受呢？」

當莎拉的母親第一次提出這種問題時，莎拉的回答是：「我覺得很好呀。」這是侵略型孩子的典型。不過，莎拉的母親還是鍥而不捨。只要出現類似情況時，她就會不斷問同一個問題，而這次莎拉終於給了一個比較適當的回答：「他們會覺得很難過。」

莎拉的母親於是緊接著問她：

- 妳如何得知他們會出現這種感受？
- 妳在觀察他們時留意到什麼？
- 妳在傾聽他們說的話時留意到什麼？
- 當妳這麼做時，心裡真正的感受是什麼？
- 假如妳希望有人和妳一起玩，妳如何才能得知他們可能會喜歡的事？

在回答最後一道問題時，莎拉說：「傾聽和關心。」這個回答太棒了！莎拉和母親過去從未有過類似這樣的談話。

莎拉不僅學會了傾聽及反省自己的行為，她的母親也更注意傾聽莎拉想表達的心聲。她不再對莎拉的不當行為有先入為主的偏見，也不會再隨即對莎拉加諸懲罰，她也許還是頭一次能聽見孩子的感受。

莎拉由於缺乏朋友而感到憤怒時，不會再摔房間門來表達內心的不滿。她已經能夠向媽媽具體說明，其他小朋友都生她的氣，而她會欺負他們是因為她也感到不高興。她仍然不具同理心的能力。她也無法改口問同學喜歡玩什麼，或甚至在要求大家一起玩時，先觀察其他人正在做些什麼活動。但她開始會應用父母和她一起努力的技巧。她也開始注意到母親其實很關心她的感受。經過更多次的練習之後，莎拉應該很快也能夠關心母親的感受了。這是很重要的起頭。

總 結

- 當孩子以和你或其他人的說話內容無關的話來回應時，不妨提醒他們「無厘頭短劇」。這種方式經常能夠重新導正這場談話，使其回到正確的方向。
- 注意：假如你的孩子滿腦子都是讓她極為困擾的某件事，請將她帶到一旁，並依照第三章中介紹過的方法和她談論她的感受，以便幫助她渡過這種情形。

- 當孩子受到某人說過的某件事（譬如，「茱蒂不喜歡我」）的困擾時，問孩子：「你是如何得知這點的

呢？你獲得完整訊息了嗎？」鼓勵他們去瞭解是否已經獲得了完整的訊息。

• 假如你和孩子對某個特定問題發生爭執，問他：「你和我對同一件事有可能會產生不同的感受嗎？當你將自己的衣物丟在地板上時，你對此有什麼感受？你認為我對此又會有什麼感受？而你又是如何得知的？」如有必要的話，給孩子一些暗示，譬如：「觀察我的臉部表情。」或是「我現在說話的語氣如何？」假如你的孩子與手足之間或是其他孩子發生衝突，你也可以使用同樣的方式。

• 假如孩子在你和他們談話時不理睬你，不妨自問你正在跟他們說的事是否有可能他們已經知道了，或是你是否有讓他們表達自己的想法及感受。要求他們告訴你：他們的感受、他們認為你（或是相關的人）有什麼感受。在適當時機（譬如：當他們說：「沒人要跟我玩」時），亦可詢問他們，如果對其他人的偏好及興趣有較深入的瞭解，能否有助於解決現有的問題。

• 假如你很細心地留意孩子的臉部表情及身體語言，並在孩子第一次出現似乎有些不安的模樣時就察覺了，你就能開始「我能解決問題」的對話，並在情況逐步失去控制之前就加以預防。對於兒子在姿勢及臉部表情上的變化尤其必須敏銳地觀察，因為兒子可能會比女兒更會強顏歡笑及表現出堅強的外表，而將難過的感受隱藏在內心。

• 假如你很真誠地傾聽孩子的心聲，他們也將專心聽你說的話。

第五章

事情一定都像表面上那樣嗎？

就像我們能伸展我們的身體並從而獲得更大的彈性一樣，
我們也能擴展我們的思想，以便探索更大的可能性。

我在上一章介紹過，假如我們不仔細傾聽，結果可能會因為錯誤的原因而對某人發脾氣。同樣的道理，不去徹底思考別人做某件事的原因也可能會造成誤解與問題。經常發生的情況還包括，別人做和說一些事情的原因可能和我們所認定的完全不同。事情不一定都像表面上看起來那樣。

我曾經為一位將無法履行重要邀約的同事感到憂心，因為她在承諾致電的時間並未如期打來。但如果我曾經花點時間去瞭解她沒打電話的**原因**，我就能讓自己省掉許多焦慮了。我後來才瞭解，她臨時必須到外地去處理一些家裡的緊急事件，因此忘了她所有工作上的迫切責任。她未如期打電話的行為充其量只能算是疏失，最壞也不過是缺乏周詳的考慮；不管怎樣，她都無意向我傳達我所認為的那種訊息。她不僅沒有拒絕我的邀約，她根本都還沒想到我！

當我們對其他人的動機下了一些匆促而錯誤的結論時，我們可能會曲解了別人的意圖。從與許多家庭合作的過程中，我瞭解到，我們有時在當下會疏於瞭解所有的事實，而有時這種疏忽甚至會持續一段時間。

我現在就來說明這點。假設威爾借了一顆籃球給查爾斯，而查爾斯沒有歸還，威爾可能就會假定，查爾斯做事很

輕率，或是他很自私，並想佔有這顆籃球，或者他也可能假定，查爾斯將球弄丟了，並且害怕說出事實。在以上所有的情況中，威爾都根據**特定時刻**所發生的情況來考慮查爾斯未能歸還籃球的行為。

假設安卓亞因為她的朋友莫妮卡誇耀自己的外貌而生她的氣。安卓亞可能是認定莫妮卡就是喜歡自誇（一種膚淺的動機），或如果她有更深入的洞察力的話，她也可能就會瞭解，其實莫妮卡心裡覺得自己很沒用，也缺乏安全感。兩種情況下，她都考慮了莫妮卡**長時間養成的習慣性行為**。

這兩種理解角度：①我們在當下或是一段時間中能多深入去思考別人的行為。②會影響我們對人際關係世界探索的方式。

🔒 短暫的交流：“他為什麼會這麼做？”

小孩就像大人一樣，在一段短暫交流的期間，如果他們手邊沒有足夠的資訊的話，就經常會自己胡思亂想，而因此陷入混亂的情緒中。假如我在街上經過一個女孩的身邊，而她並沒有向我招手，我可能就會假設她不喜歡我，而不去思考她有可能並沒有看到我，或是正想著其他的事，而並不是故意要冷落我。彼得·高登索在他的著作**《除了手足間的競爭之外》**(*Beyond Sibling Rivalry*) 中就描述了，批評很容易就會被誤解為取笑，以致與原先的意思相去甚遠。

也有些時候，動機受到誤解的原因在於我們對於其他人所傳達的視覺線索並不敏銳。比方說，假如我有留意到在街上沒和我招手就經過我身邊的女孩走得非常快速，我可能就會考慮到她沒招手的原因有可能是因為她極為匆忙，以及她可能根

本就沒看到我。

🔑 收集足夠的資訊

如果想讓孩子能夠敏銳的察覺別人出現某種行為的原因可能不只一種，我建議你可以在家中利用一些虛構性的人物來玩「其他還有什麼原因」的遊戲。

在吃晚餐時或是其他家人聚在一起的時刻，父母可以先說：「我將要告訴你們一則有關一個名叫貝絲的小女孩的故事，而你們要盡量想出各種能夠解釋貝絲會出現這種行為的原因，愈多愈好。比方說，貝絲今天不和她的朋友一起玩的原因是……」

當唐娜被問到這個問題時，她說：

- 貝絲很累了。
- 她（貝絲）認為她的朋友不再喜歡她了。
- 她必須做她的功課。
- 她必須去看醫生。
- 她不再喜歡她了。

唐娜不僅想出了各種不同的原因，她現在還開始會大聲地說出來，而且還有些迫不及待呢。

莎拉則主要專注在負面的原因：

- 貝絲不想做她的朋友。
- 她不喜歡她。

雖然我們在第三章中看到莎拉會開始體會其他人的感受

了，但她仍然無法想像會有任何人出現和她不一樣的行為。

　　在讓孩子想出幾個答案之後，請再進一步說明，讓孩子能從中思考這些人物的動機。「我們暫且假設班從唐納德的身邊走過，卻連個招呼都沒打。請想出至少一個班會出現這種行為的原因，請注意他完全無意要傷害唐納德的感受。」

　　尼可拉斯說：

・他沒看到他。
・他必須趕路，因為媽媽說放學後必須馬上回家。
・他因為姑姑死了而覺得很傷心。
・其他的朋友催他趕快去某個地方。

尼可拉斯能夠毫無困難地想出幾種不同的可能性。

　　莎拉開始愛上了這個遊戲，也願意認真去想。儘管她只想出了一種可能性——「他的膝蓋受傷了，因此想要回家」——對她而言，這種想法有很重要的意義，因為這是她第一次想出了一個不屬於負面的動機。

　　當唐娜被問到為什麼班會經過唐納德的身邊卻連個招呼都不打時，她回答：「他太害羞了啦。」這正好說明了人都傾向於根據自己可能出現的行為來解釋他人的行為。雖然這是一種短暫交流，唐娜還是利用對班的個性更深入的理解來解讀他的行為，我們將在本章後面再探討這個主題。

　　在孩子就他們所能想到的，並盡力指出了屬於這個範圍內的許多原因之後，你就可以說：「如果我們現在假設班確實想傷害唐納德的感受，請想出至少一個他會出現上述行為的原因。」

　　尼可拉斯、唐娜、以及莎拉全都很輕鬆地回答了這道問

題，不過，彼此的答案卻有某些差異：

- 他不喜歡他。
- 他不想當他的朋友。

尼可拉斯還補充說：「我和你打賭，如果不和唐納德說話，我將給你二十塊錢。」

以下是其他一些父母可以利用的故事情節：

- 魯迪問貝絲，她的父親是否將在今天帶她去動物園。貝絲覺得很煩，於是轉身離開了。也許貝絲是在生魯迪的氣。

其他還有什麼原因？

- 莎莉氣沖沖地回到家裡，並在進入房間後用力摔房門。她的母親認為她那麼做是想激怒她。

其他還有什麼原因？

- 馬文今天上課時並沒有注意聽老師講課。老師認為他可能是對課程內容不感興趣。

其他還有什麼原因？

最後，再要求孩子自行編造故事情節，並將不同人物出現某種行為的各種可能原因列舉出來。

和羞怯型或是適應型的孩子比較起來，侵略型的孩子在別人沒有順遂他們的希望時，不僅較容易認定對方有某種負面的動機，也比較可能以負面的方式來回應。你可以利用虛構的人物和孩子玩「你接下來要說什麼」的遊戲，就能瞭解自己的孩子在朋友未順其所願時會出現何種反應了。

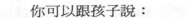

你可以跟孩子說：

蒂娜和麗莎計劃在週六下午去看電影。在週六早上，蒂娜卻打電話給麗莎，告訴她自己生病了，所以沒辦法去看電影了。蒂娜說她對於自己讓麗莎失望覺得很過意不去，而她之所以等到當天早上才打電話是因為她希望自己的身體會好轉，並能如期赴約。麗莎接著會說什麼呢？

尼可拉斯和唐娜兩個人都很同情蒂娜，他們認為麗莎可以告訴蒂娜，她對於蒂娜生病覺得很難過，並希望她能很快就康復。唐娜甚至建議到她家去探視她的病情。相反地，莎拉卻說，麗莎一定會很生氣。當被問到麗莎接下來應該說什麼時，莎拉說，她會告訴蒂娜應該早一點打電話，因為事到如今也來不及找其他人一起去看電影了。莎拉還認定蒂娜一定在說謊，她只不過是不想跟麗莎去看電影罷了。

接著再要求孩子思考，假如麗莎故意要傷害蒂娜的感受的話，她可能會說什麼，以及她如果不希望傷害蒂娜的話，又會說什麼。

在孩子養成習慣，會對他人的行為舉出幾種可能的解釋及反應方式之後，父母可以將這種技巧和我們在第三章中強調的：瞭解他人感受的技巧結合在一起。比方說，尼可拉斯的父母就問他和班及唐納德的情況有關的事情。

「我們假設班是因為不想再和唐納德做朋友了，因此才會自顧自地從唐納德身邊走過去。假如這就是班不打招呼的原因，唐納德的心裡可能會產生什麼感受呢？」「難過。」尼可拉斯回答。「而且擔心他會失去他的朋友。」「假如唐

納德認為班也許是因為姑姑過逝了才會心煩，唐納德的感受會不同嗎？」尼可拉斯的媽媽問他。「是的，他會為他感到難過。」「那你有聯想到我們剛學到的重要字眼嗎？」「同理心」尼可拉斯驕傲地回答。媽媽接著又問他：「那假如他只是沒看到他呢？」「我猜他就不會擔心了。」尼可拉斯說。「那假如他是趕著回家呢？」媽媽問道。「他也會瞭解這點。」

甚至連莎拉都愛上了這項練習。討論與自己無關的虛構情況中的他人感受，並藉此認清別人出現某種行為的原因不一定是為了想傷害其他人，對於讓她減輕自己的憤怒很有幫助。

在幫助孩子瞭解其他人出現某種行為的原因時，你也必須學會去思考孩子出現某種行為的各種原因。舉例來說，假如你的孩子會霸凌或作弄其他孩子，請思考造成她出現這種行為的可能原因。你的孩子有可能是覺得受到壓抑，因此需要對自己的生活重新取得控制權。

蘿絲·葛林在描述比莎拉還要更火爆的孩子時就曾經說，一個會脫口說出充滿情緒性言論的孩子，可能並不是有意要去傷害其他人的感受，而可能只是因為覺得失去控制，必須以這種方式來表達自己的意思。莎拉這類孩子失去控制的情況還可能會加劇。如果你能夠分辨故意性傷害以及失去控制兩者間的不同，你就可以決定要讓孩子將多少注意力集中在其他人的感受上以及先對自己給予多少關注。

🔑 讀取視覺線索

當孩子在練習思考其他人出現某種行為的抽象原因時，他們即在訓練自己收集所需的資訊，進而獲得正確的結論。留

意視覺線索也能幫助他們做出準確的判斷。

我在第四章中提過一些類似臉部表情及身體語言的視覺線索。這些線索能幫助我們理解其他人的動機。有些人完全不去注意這些線索。有些人雖然會注意線索，但卻會挑一些不相關的，或是去解讀那些他們以不正確的方式留意到的線索。在這個段落，我們將著重在幫助孩子留意視覺線索，並正確地加以解讀。

有時候，解讀他人行為的方式會依進行解讀的人的行為模式而不同。舉例來說，肯恩・道奇和他的同僚就發現，侵略型的男孩就比其他人更可能將不明確的舉動視為懷有敵意，並以同樣的方式回應。但有些女孩的反應方式也一樣。當莎拉的一位同學撞到她時，莎拉就告訴我，她認為那個孩子是故意的。不屬於侵略型的孩子則比較可能考慮這個舉動純屬意外的可能性，以及其他孩子無意造成傷害。這類孩子也會在反應之前先收集導致這種舉動的相關資訊。

從另一個角度來看，如果侵略型的孩子能夠認清該舉動的確沒有敵意，就不會以敵對的方式回應了。因此，幫助莎拉這類孩子去思考如何評估不明確的舉動，就變得相當重要，他們因此才能判定，該舉動是否意圖造成傷害或是無心的行為。假如該舉動的確是故意的，接著莎拉就必須考慮自己應有的回應方式。假如該舉動並非故意的，則莎拉就必須練習以不同的方式回應。

讀取視覺線索的活動

有一種方式可幫助侵略型孩子做出以上這種區別並學會必要的技巧：專心讀取視覺線索。你可以描述一些意圖不明的虛構情節（以便容許一種以上的解讀方式）。這些情節將讓你

能夠和孩子討論與人的臉部表情及身體語言有關的線索。

利用下頁圖片（1a）到（1d），對孩子說：「我將讓你看一些圖片，接著我會要你看圖說故事，告訴我他們發生了什麼事。我們就叫這兩個小女孩卡拉和莫妮克好了。」假如你的孩子說出的故事和她們發生的問題**無關**，你就必須詢問：

- 卡拉在莫妮克撞到她之後做了什麼或說了什麼？
- 莫妮克為什麼要彎下身體？
- 你從莫妮克的臉部表情是否留意到任何蛛絲馬跡，並因此瞭解發生了什麼事？
- 你注意到其他和莫妮克有關、並能夠告訴你發生了甚麼事的任何線索嗎？

尼可拉斯敘述的故事中就包含了幾個很明確的線索。他說：「莫妮克因為沒在看路，因此撞到了卡拉，她看起來很擔心。她提議要幫忙將書撿起來，而卡拉說：『沒關係！』她們一起想把書撿起來。」

尼可拉斯瞭解這只是一起意外，「因為莫妮克看起來像在認錯。」他也注意到莫妮克開始彎下身體想將書本撿起來。尼可拉斯只漏掉了一條線索——莫妮克將手蓋住了自己的嘴巴，一種困窘的手勢。但他卻留意到了她的臉部表情，並以一種正面的方式解釋了她彎腰的動作；即她想要收拾善後。

相反地，莎拉就認定莫妮克是故意去撞卡拉的，目的是想將她手上的書撞掉。當被問到她會有這種想法的理由時，莎拉說：「莫妮克想把腳踩在書本上。」換句話說，莎拉將莫妮克彎腰的動作解讀為不懷好意。莎拉的焦點只集中在衝撞的行為上，而不管與衝撞有關的線索，也不關心莫妮克的臉部表

1a

1b

1c

1d

情。因此，她反而專注在被錯誤解讀的線索——彎腰踩在書本上。莎拉的父母必須幫助她更準確地去解讀視覺線索。

至於唐娜，她注意到了莫妮克的臉部表情，但由於對其他人存有恐懼感，因此將其解讀為生氣，而不是遺憾。她的父親為了幫助唐娜以其他方式來研究這些視覺線索，於是對她說：「這是解讀莫妮克臉部表情的一種可能方式。妳還能想出其他方式嗎？」

現在再讓孩子看圖片（1e）。莫妮克的臉上露出憤怒的表情。她正彎下身體，並將一隻腳微微抬高；她看起來像是準備要踩在書本上。此時如果我們再回去看圖片（1d），就會注意到圖片中的莫妮克在彎腰的同時兩隻腳還踩在地面上。

問孩子：「你注意到莫妮克在這張圖片中和在你之前看過的圖片中有任何不同嗎？」

既然莫妮克不懷好意的企圖極為明確，所有三個孩子（包括莎拉在內）都留意到了莫妮克的臉部表情以及身體語言。

莎拉的母親接著要求女兒再看一次圖片（1d），然後問她：「莫妮克在前一張圖片（1d）中彎腰的原因是否可能和在這張圖片（1e）中不同？」莎拉仔細研究了兩張圖片——光是這個步驟對她而言就是一大突破。在回答母親的特定問題時，莎拉留意到莫妮克在圖片（1e）中看起來比在圖片（1d）中更生氣。因為莎拉仍然無法自發性地提出兩張圖片中的莫妮克，可能有不同的動機，她的母親於是問她：「有沒有可能其中一張圖片比另一張更明確顯示莫妮克將要踩在書本上呢？」

莎拉於是指著圖片（1e）說：「這時候她看起來就很像會這麼做。」她的母親接著問她圖片（1d）中的莫妮克可能會

1e

做什麼。莎拉說她也不確定。由於她已經將注意力集中在兩張圖片的相異處，因此在指認圖片（1d）中的莫妮克的動機時起碼會躊躇一下。

接下來，鼓勵孩子在理解其他人的行為時，可從該舉動是不懷好意亦或純屬意外的角度來進行，並從自己生活周遭的人著手。問孩子：「曾經有任何人撞過你嗎？」無論他的回答是什麼，都可以接著問他：

- 你認為發生（或可能會發生）這種事的原因為何？其他還有什麼原因？
- 在匆促下結論之前，你注意到（或可能會注意到）對方什麼事？
- 假如有人因為（理由1）而撞到你，你可能會有什麼樣的感受？
- 假如有人因為這種原因而撞到你，你接下來可能會做

什麼或說什麼？

- 假如有人因為（理由2）而撞到你，你可能會有什麼樣的感受？
- 假如有人因為這種理由而撞到你，你接下來可能會做什麼或說什麼？
- 瞭解原因是否會改變你接下來可能會說的話或做的事？
- 在發脾氣之前先瞭解某人做某件事的原因是不是比較好？

假如孩子提出的意見中並沒有說明故意及無心的可能性，不妨問他：

- 你認為撞到你的孩子是不小心或是故意的？
- 假如你認為是故意的，你接下來會做或說什麼？
- 假如你認為是無心的，你接下來又會做或說甚麼？

尼可拉斯和唐娜兩人都認為，自己被撞可能都是無心的結果。假若果真如此，他們兩人也都同意將會說「沒關係」之類的話。但假如對方是故意的，他們兩人也說，這種行為可能會引發爭端。這種回答很有趣，以現實生活中的情況而言，開啟爭端可能不是某種尼可拉斯會做及唐娜能做的事。

另一方面，莎拉則很快就認定衝撞的行為是故意的，而且在一開始她也甚至不考慮其他任何的可能性。但是當她獲得特別的指點時，她也確實留意到了臉部表情和身體姿勢方面的差異。對莎拉的父母以及最終對莎拉而言，想出有多種可能性的情節就顯得相當重要，如此當她思考現實生活中發生的情況

時，這些練習心得就能派上用場了。

　　莎拉的父母希望她多去留意一個人做的事，對其他人的感受可能造成的影響。他們介紹了另一種情形——一個女孩打破了另一個女孩某件極為珍貴的物品。他們接著要求莎拉想出第一個女孩打破東西的理由，並假設她是想要傷害另一個女孩。莎拉說：「她想要報復。因為那個小孩也打破了她的某件東西。」接著又補充：「或者她不願意讓她用這件東西。」當被要求想出不會傷害另一個女孩的感受的理由時，莎拉則回答：「她讓東西掉了下去，但她並不是有意的。」還說：「她正在跑步，所以才沒看到它。」雖然所有的孩子都很喜愛這項練習，但對於侵略型（肢體或是言語上）的孩子來說，這項練習尤其具有意義。

　　如果想鼓勵孩子創造出自己的故事情節，並根據意圖來評論這些情節，你可以要求他們自行畫出某種情形。他們可以畫出一些描述某種故事情節的人物（甚至只畫出火柴人形狀都行），並對他們的圖畫下標題。你可以問他們以下這些問題來幫助他們著手進行這項活動：

- 其中一個人（打破某件東西等）是無心或是故意要傷害或是惹惱另一個人？
- 你如何分辨呢？
- 其他還有什麼分辨方式？
- 假如這些傷害、打破東西等的行為是故意的，（做出前述行為的人）可能會做什麼或說什麼？
- 假如這些傷害、打破東西等的行為是無心的，（做出前述行為的人）可能會做什麼或說什麼？

　　如果有需要的話，以下是一些你可以建議的故事情

節，其中有一個孩子的意圖並不明確：

- 兩個小孩正在打鬥，其中一個被打得鼻青眼腫
- 一群小孩正在玩籃球，而其中一個小男孩將另一個撞倒在地
- 一個小女孩手裡抓著一個珍貴的陶瓷娃娃，娃娃卻掉在地上，而且還摔破了

不僅身體行為（譬如：撞人或是打破東西）時常會受到誤解，非身體的社交行為也容易遭人誤解。當我向莎拉出示一張一個女孩將臉從她身邊的同學身上移開的照片時，莎拉就認定這個女孩受到冷落。唐娜則注意到這個女孩的臉上浮現一抹微笑，因此說：「也許她正在觀賞朋友耍（跳繩）花招呢。」

假如你的孩子還沒做過這種練習，你可以建議她畫出筆下人物的臉部表情以及其他能夠透露出某個人做某件事是否為故意或是無心的細節。如有必要的話，不妨要她在加入這些新線索之後再向你重述一遍這則故事。

現實生活中的短暫交流

最後，利用每天在生活中出現的機會和孩子討論動機。舉例來說，尼可拉斯在晚餐時就提到，他在上體育課時被球擊中了膝蓋。

「你接著有做什麼或說什麼嗎？」他的母親問他。「什麼都沒呀。」尼可拉斯說：「因為那個小孩向我道歉了。」「你怎麼知道他是真心的呢？」她問道。「他看起來蠻難過的，而且他還走過來問我是否沒事。假如他不感到抱歉的

話，他可能就會大笑或乾脆走開，而不會試圖來幫忙了。」

從這段對話當中，我們可以明顯看出，尼可拉斯確實瞭解哪些線索很重要，以及如何正確地加以解讀。

然而，莎拉在這方面就遇到困難。她的老師在莎拉毫不留情地痛罵丹妮斯（莎拉的同班同學）之後，打電話給莎拉的母親。當母親詢問莎拉刺激她去痛罵丹妮斯的原因時，莎拉回答：「丹妮斯對我皺眉頭。」

由於莎拉是典型的侵略型孩子，她留意到了線索（丹妮斯的臉部表情），但卻只考慮了一種解讀方式：這個皺眉的表情是針對她。因此，她以敵對的方式回應，而不是同理心，這也是侵略型孩子經常會出現的行為。

為了讓莎拉瞭解解讀臉部表情的方式可能不只一種，莎拉的母親問她：「丹妮斯還可能會因為其他什麼原因而對妳皺眉頭呢？要認真想喔。」

莎拉遲疑了一下，然後輕聲說：「也許有人在煩她？」「也許哦。」莎拉的母親回答。「這是一種可能的原因。妳還能想出其他的嗎？」「也許她跌倒了，而且還弄傷了自己。」莎拉說，臉上開始出現笑容。「當妳想出一種以上其他人做某件事的原因時，心裡會有什麼感受呢？」她的母親問道。「驕傲。」莎拉回答。莎拉很喜歡這些問題。

當唐娜有一天哭著從學校回家時，唐娜的家人也找到了和她討論如何解讀他人行為的機會。唐娜的新朋友泰瑞莎不想和她玩。唐娜認為泰瑞莎不再喜歡她了，而且無論她的母親怎麼勸說，都無法改變她的想法。唐娜的母親一度還嘗試「說明法」，她告訴唐娜，泰瑞莎那天可能因為必須去看醫生，才會沒辦法跟她玩，也有可能是因為她累了或是必須準備考試，唐娜對她的這些說法都充耳不聞。

唐娜的母親後來改變策略。她問唐娜：「妳能想出泰瑞莎今天不跟妳玩的其他原因嗎？」唐娜想了一會兒，接著說：「也許她的母親要她放學後馬上回家。」「很好的想法。」她的母親說，她不想即刻就進一步逼迫她。「妳已經開始瞭解別人出現某種行為的原因不只一種了。」

　　唐娜現在的進步更加明顯。而她的母親也開始體會到，向唐娜以提問來代替說明事情的方式可幫助女兒思考更多有關別人出現某種行為的原因。

🔒 長時間養成的習慣性行為：“他為什麼會這樣呢？”

　　嘗試去理解其他人在長時間表現出來的行為，比嘗試去判定一個人的短暫意圖需要更高深的洞察力。如果是當下這一刻，我們可以提出問題或是觀察視覺線索。但如欲瞭解一個人在一段時間中出現某種持續性行為的原因，我們就必須瞭解其潛在動機。我們必須有能力從人類行為的表象下去觀察，也必須認清人類的行為經常受到內在及不明顯動機的影響，這種技巧能幫助孩子去應對那些行為表現與自己大不相同的人。

　　比方說，假設十歲的詹姆士一直出現相當危險的舉動。而他的朋友羅勃能夠以洞悉動機來評斷行為，他可能就會自忖：「詹姆士會有這種舉動是因為他覺得這樣很好玩。」（一種較表面性的原因），或是歸因於較不顯著的原因：「他會這麼做是因為如果不小心受傷了，就會有人照顧他了。」或是：「也許他正在對抗自己的恐懼。」最後兩項原因就反應出一種體認：詹姆士的行為可能有不顯而易見的原因。

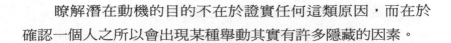

　　瞭解潛在動機的目的不在於證實任何這類原因，而在於確認一個人之所以會出現某種舉動其實有許多隱藏的因素。

瞭解習慣性行為的練習活動

　　在家庭聚會的任何時間，可以由爸媽任一方提議：「今天讓我們來討論人的行為以及造成他們出現這種行為的原因。我會先起個頭，你們接著再加入。我們現在就假設馬克老愛吹噓自己有多聰明。我會根據這種情況來提出一些問題，你們每個人都可以回答。」（你的另一半也可以加入，但必須讓孩子回答大部分的問題。）

- 為什麼會有人喜歡吹噓自己有多聰明？
- 當馬克如此自吹自擂時，他心裡有什麼感受？
- 他心裡可能會出現其他任何感受嗎？
- 當他自吹自擂時，其他的孩子可能會有什麼感受？
- 當他自吹自擂時，其他的孩子可能會有什麼樣的想法？

　　尼可拉斯和唐娜兩人提出的一些想法就反應出比莎拉更深入的洞察力。尼可拉斯將馬克的吹噓歸因於一種深層的不安全感，他說：「馬克不是真的認為自己很聰明，而吹噓卻可讓他有這種感覺。」但尼可拉斯也承認，馬克可能有挫折感，因為他知道自己的課業表現其實並不理想。尼可拉斯和唐娜也認為，其他的孩子不喜歡和馬克在一起的原因是他口口聲聲都在吹噓自己有多棒。就像唐娜指出的：「這也是為什麼他連一個朋友都沒有。」

　　莎拉無法看出非常深入的原因。她只確認一點：「馬克

愛吹噓是因為這樣會讓他覺得自己很棒。」

以下是另一個建議使用的情節：假設有一個叫艾瑞克的小五生在操場上試圖和正在投籃的女生搭訕。每當她們沒投中的時候，他就會取笑她們，他會故意笑得很誇張，還會說一些類似這樣的話：「我真不敢相信，這麼簡單妳都投不中。」或是：「妳真是有夠笨的。」

當尼可拉斯被問到前一個情節中的相同問題時，他有許多種解讀方式。艾瑞克的行為可能是裝出來的，尼可拉斯認為：「因為他喜歡受人矚目，他其實不喜歡自己，別人都對他不太友善，要不然也可能是他家裡出問題了。」

唐娜在提出自己的看法時也展現了一些洞察力，「他只是討厭這個世界。」或是，「他的媽媽會打他，於是他就將這種不滿發洩在朋友身上。」但莎拉就像其他侵略型孩子一樣，她比較認同霸凌的一方，她為馬克的行為辯駁：「她們都不會投籃，而他很行呀。」以及「這下她們全都知道他很了不起了。」

真正幫助莎拉開始瞭解一個人出現某種行為的原因可能不只一種，關鍵是她自己想出了更多情節。比方說，她很喜歡畫一張上面有一個女孩一邊笑一邊用手指著另一個女孩的圖畫。這種練習比純粹只是談論這類情節，更讓她感到興趣。當被要求說明她的圖畫時，莎拉說，一個女孩正在嘲笑另一個女孩，原因是她（受害者）很醜。但接著她又解釋說，她（加害者）也很醜，而且沒有朋友。這種認知（加害者可能是因為對自己不滿，才會嘲弄其他女孩）對莎拉而言是一大突破，她開始認清，人之所以會出現某種行為絕不僅止於最顯而易見的原因。

🔑 現實生活中的習慣性行為

　　當我們面對現實生活中的人時，經常很難（如果並非不可能的話）去判定他們的內在動機。為什麼會有孩子霸凌其他的孩子？為什麼會有孩子問都不問就將東西拿走？這些不斷出現的惱人行為，以及有時還會造成傷害的行為都令人難以理解。但讓孩子試著去理解還是非常重要；他們必須認清，人出現某種舉動的原因可能各有不同。

　　當唐娜因為被一個她不喜歡的女孩不斷纏著她一起玩，而臭著一張臉回家時，她的母親就問她：「妳認為她會那麼做的原因是什麼呢？」「因為她喜歡煩我呀。」唐娜剛開始這麼回答。但接著她想起自己曾經跟母親討論過這類情形，於是說：「也許是因為她一個朋友也沒有吧。」她的母親緊接著問她：「其他還有什麼原因呢？」

　　「也許她喜歡我。」「當她糾纏妳時，妳有什麼感受呢？」

　　「生氣。她讓我覺得很煩。」

　　「妳現在又會對她說什麼呢？」

　　「什麼也不說，我會轉身離開。」

　　「妳認為她心裡會有什麼感受呢？」

　　「難過。」

　　唐娜的母親接著又問她：「假如妳認為她是故意跑來煩妳的，妳會怎麼對她？假如妳認為她是因為沒有任何朋友才會這麼做，情況又會有什麼不同？而如果她是真的喜歡妳，卻不曉得怎麼來邀請妳跟她一起玩，又會如何呢？」唐娜回答：「我猜假如我認為她是因為沒有朋友或是不曉得怎麼來邀請我一起玩的話，我會對她好一點，但我還是不會跟她做朋

友。」

　　唐娜的母親暫且不想再進一步逼迫她女兒。至少唐娜已經開始察覺到，那個女孩可能並不是只想跑來煩她。

　　莎拉對於一個人在一段時間中表現出的行為也展現了一種新的洞察方式。一天晚上，她告訴父母有關學校裡一個「總是一定要贏」的小男孩的事情。「告訴我們更多有關他的事。」她的父親要求。「當我們獲勝時，他就會說我們作弊。而當他獲勝時，就說因為他很棒。他會說：『我是冠軍！』而我就會回他：『是哦，你是吹牛比賽的冠軍啦。』」她的母親有些忍俊不住，於是問她：「妳認為他會表現出這種行為的原因是什麼？」莎拉說：「他也曉得自己沒辦法正大光明地贏啊。」

　　這是一個好的開始。莎拉的父母感到很興奮，並讓這段對話先就此打住。

　　即便是能洞察其他人出現某種行為原因的孩子都可能難以改變自己對對方的感受。我要求尼可拉斯告訴我有關雷蒙的事情，他是尼可拉斯的同學，經常對他出現極不友善的行為。他說，假如他明白雷蒙「只是在模仿自己父親的舉動」，他可能會比較同情他，但又加上一句：「他還是討人厭啦。」尼可拉斯接著又說：「我只不過是問了個問題，他卻認為我很愛管閒事。」當我問尼可拉斯他這麼說是什麼意思時，他說：「我好心問他想以什麼地方來做他的地理報告，雷蒙就一副不可一世的模樣。」從尼可拉斯向我說明這件事的方式看起來，雷蒙回答時的口氣可能很刻薄：「你幹嘛非知道不可呢？」尼可拉斯「覺得不舒服」，因為：「我只是想試著表示善意而已。」

　　就這種情形而言，即便連尼可拉斯都無法改變自己與

雷蒙這類孩子的相處方式。但孩子可以學著思考別人出現某種行為的可能原因。這點以及其他我到目前為止討論過的技巧——傾聽、表達及認清自己與其他人的感受，將是孩子解決與同儕、老師、及父母間問題的基礎。

總　結

🔑 短暫的交流

- 假如你的孩子對於某人做的事或說的話感到惱火，問他（她）是否能記得其他人做過或說過的每件事，以及那個人的行為或言論是否有其他任何可能的原因。
- 要求孩子告訴你，她注意到的有關其他人的臉部表情、語氣、或是任何身體動作中有哪些可能有助於提供關於對方意圖的線索。
- 詢問孩子，當其他孩子做或說了某些事之後，他又做或說了些什麼。接著問孩子，假如對方的意圖是要傷他的心，他是否還會說或做同樣一件事，或假如的確是有苦衷；比方說，沒辦法信守承諾一起去玩、去某個地方等等。
- 假如對方的舉動意圖不明，問孩子如果她知道其他孩子是有意要傷害她，亦或假如所發生的事情確實是無心的，她在兩種情況下是否會說或做不同的事。

🔑 習慣性行為

- 假如你的孩子抱怨其他人的某種習慣性行為，譬如，學校中有孩子不斷出現霸凌或作弄他人的行為，不妨

要他去思考那個孩子之所以會出現這種行為的各種不同的可能原因。

- 詢問孩子，如果他出現這種行為的話，其他孩子可能會有什麼感受。

- 詢問孩子，如果是其他孩子出現這種行為的話，他又會有什麼感受。

注意：協助孩子想出更多有關在因應霸凌者及作弄者時，應該採取的行動或說的話，將可提供他們問題解決技巧，我們將在第六章及第七章中進一步說明。

- 身為父母，你必須思考自己的孩子出現某種行為的各種可能原因。舉例來說，假如你的孩子會霸凌或作弄其他孩子，請思考可能造成她出現這種行為的原因。你的孩子有可能是覺得受到壓抑，因此需要對自己的生活重新取回控制權。如果孩子是想尋求關注或是其他任何可能的原因，你就暫且先考慮自己的行為或說話可以有哪些改變。如同我們在第四章中提過的，請務必注意孩子的非語言線索，對兒子尤其必須如此，他也許正隱瞞著自己的內在感受。就像你會教導自己的孩子，事情不一定都像表面上看起來那樣，你自己也必須認清，孩子的感受也可能不一定都像他們表面上的那樣。（我們將在第六章中討論如何與孩子談話，以便發現他／她心裡的想法。）

‖ 第六章 ‖

我還能如何來解決這個問題？
學會變通的解決辦法

能夠自己解決問題的孩子感覺被賦權，
而非感到受壓制。

　　莎拉開始對於讓別人知道自己的想法感覺比較自在了。當其他人告訴她，他們的感受以及心裡的想法時，她也比較不會感到抗拒。她似乎更能接受其他人的意見，而不再拒人於千里之外；她也似乎更關心其他人的說法。她不再匆促做出謬誤的結論，反而比較會去思考其他人出現某種行為的原因。

　　對她努力養成社交能力的過程來說，這是極為重要的第一步。但這樣不夠。雖然莎拉在受到刺激時已經比較能夠控制自己的怒氣，當被激怒時，也能夠自制，而不再暴跳如雷或是咒罵別人，但她在面臨這種衝突性的情況時，仍然想不出其他的解決方式。

　　唐娜則善於瞭解其他人的感受，但她依舊很害怕主動去找其他人一起玩，而且由於她在同儕之間還是沒辦法為自己的權益挺身而出，她仍然會被佔便宜。她太快放棄了，而且就像莎拉一樣，她也想不出其他的解決方式。

　　尼可拉斯和莎拉及唐娜的最大區別在於：他有能力在面對衝突時緩和自己和其他人的緊張狀況。他知道如何利用自己的傾聽技巧以及對其他人的敏銳察覺力來解決問題。但就如同我在第一章中提過的，總是會有一些時候，即便如尼可拉斯這

類的最佳問題解決者都不會利用他們所擁有的解決技巧。

在這章以及接下來的三章中，我將向各位介紹如何幫助你的孩子成為解決問題過程中的積極參與者，還有如何在面對衝突時減緩緊張的狀況。無論孩子是和手足、朋友、老師、或是你之間出現問題，在紛爭結束時大家都能有愉快的感受。

🔒 學習思考變通的解決辦法

有社交及情緒能力的孩子能夠想出各種不同的方式來解決問題，而不會衝動地回應，或是在第一次的嘗試失敗後就乾脆放棄。舉例來說，這類的孩子如果想結交新朋友的話，她可能會認為自己可以採取以下方式：

- ・提議分享一些自己的東西
- ・舉辦一場派對
- ・在學校認識新的女孩

如果想鼓勵孩子對某個問題想出各種不同的解決方法，請將這種思考過程想成一種腦力激盪。此時我們同意暫時不做出決定，並提出各種可能的解決方式，而且無論有多牽強都無所謂。我們的目標在於盡可能想出最多的選擇，因應特定的任務或問題：「我可以這麼做，或那麼做，或者我甚至可以那麼做……」

各位之中有一部分已經從我第一本書《**培養會思考的小孩**》中瞭解，想出不同解決方式的能力在一生中都很重要。三、四歲的幼童就已經有能力使用這種技巧了。但還需要持續的技巧訓練。請務必讓孩子在成長過程中繼續培養及精進這項

技巧，如此他們才有能力在他們日益複雜的日常生活中加以運用。而假如你的孩子從未嘗試過思考變通的解決辦法，直到青春期前才開始，也不算太遲。你可以先利用虛構的情況來練習，接著再應用在現實生活中。

在虛構的情況中使用變通的解決辦法

　　在一開始，先鼓勵孩子思考其他人的問題或是有關虛構人物的問題，對於幫助她學習這種技巧可說是最佳成效。這種方式讓她不至於感受到在考慮自己現實生活中的實際問題時可能產生的焦慮。即便你的孩子可能會因為想起一件實際發生在她身上的例子，而希望用這個實例來練習，她最終也可能會由於回想起所經歷的緊張情況而閉嘴不談。這也是為什麼我還是建議先從虛構的人物開始的原因。

　　我們先複習一次前面介紹過的「我能解決問題」的練習。你可以說：「當我們在玩『為什麼會這樣？』（第四章）或是『其他還有什麼原因？』（第五章）的遊戲時，我們其實是在詢問，我們是否能找出一種以上的方法來瞭解別人的想法與感受。而解決人與人之間問題的方法也不只一種。首先，我要跟你描述一個發生在兩個虛構小孩間的問題。艾力克斯（或瑪格麗特）以及鮑伯（或珍妮）兩人都是（**你的孩子的年齡**）。艾力克斯想要鮑伯當他的朋友。艾力克斯必須怎麼做或怎麼說才能讓鮑伯成為他的朋友呢？」

　　在孩子指出一種解決方法之後，你可以問他：「這是一種方法。不過，這個遊戲的玩法是想出許多各種不同的方式來解決這個問題。並沒有正確或錯誤的答案。請再告訴我你能想出的其他任何方法。」

　　莎拉提議：「跟她說假如她不當她的朋友的話，她會

把她痛打一頓。」但莎拉的母親並沒有輕蔑她的想法，莎拉對此感到很意外。莎拉的母親並沒有批評女兒提出的解決方式，她反而只是輕描淡寫地說：「這不失為一種方法。妳還能想出更多方法嗎？」這也讓莎拉可自由地去思考其他的可能性。「直接問她，而假如她拒絕的話，就問她為什麼，」莎拉說。她的母親回答：「妳想出了兩種方法了。第三種呢？」莎拉停頓了一下，並且認真思考這個問題，然後說：「講一些笑話來引起她的注意。」

　　莎拉的母親對莎拉感到很滿意——不是因為她的提議，而是因為她能夠想出一種以上的方法來解決問題。她也很滿意自己的反應。在過去，她一定會用比較批判式的態度來回應。現在她瞭解，如果她對莎拉提出的任何一種解決方法的反應是：「不要，千萬不能那麼做。」或是：「非常好。」或是：「我喜歡這種方式。」莎拉將會受到誘導，而想要去遵循母親的意見。這麼一來，假如她的母親贊同的解決方法無法奏效，莎拉將會覺得自己陷入了困境，因為她在這個腦力激盪的階段未曾想出其他變通的解決辦法。

　　而唐娜想到的方法則是：「她可以跟她坦誠自己的問題。」唐娜在被要求提出更多方法時，補充道：「在她覺得累的時候，幫她拿書本。」以及「跟她說：『我以前都沒交過朋友。』」

　　像莎拉和唐娜這類孩子在被詢問有關虛構人物的情況時，並不會自發性地提出三或四種解決方法。但假如被勸說去想出更多答案的話，她們也想得出來。相反地，尼可拉斯通常能自行想出許多種解決方法。以下是他的部分建議：「防止他去偷東西。」「如果有人找他麻煩，就保護他。」以及「遇到問題時就向他詢問意見。」另一位很會運用「我能解決問

題」的孩子（一位十二歲的小女孩）則提議：「安排某個人放話要打她，接著再製造一個圈套，然後再英雄救美。」這個例子足以說明，一個具備解決問題能力的孩子也有可能會想出一個父母並不怎麼贊同的想法。這種情況下，她的母親因為不想中斷新想法的產生，於是就鼓勵她去思考更多的方法。這個女孩接著就補充道：「投票讓她加入小朋友的團體。」「一點一滴地讓她放鬆心防。」以及「設法讓她信任她。」

　　但即便是屬於這個年齡層中，有足夠思考能力的孩子都還是會用同一種主題來思考解決方法的傾向。在回應上述的情況時，尼可拉斯就提議：「告訴他，他足球踢得好棒喔。」以及：「告訴他，他真是全班最有趣的男孩。」雖然看似不同，但以上這些答案其實都環繞著「諂媚」這個主題，只是稍做變化罷了。為了幫助孩子超越這種心理障礙，你可以說：「告訴他，他足球踢得好棒，以及告訴他，他是全班最有趣的男孩，其實這都是在諂媚他啊。你還能想出一些和諂媚他不一樣的方法嗎？」

　　讓孩子畫一些人物或是火柴人，並自行編造出一些問題。一個十一歲的女孩就畫出了以下這些人物，並補充說：「喬琪特心情不好，因為她的朋友在生她的氣。」她的母親問她：「喬琪特必須做什麼或說什麼才能讓朋友不再生氣呢？」

　　「她可以買她最喜歡的冰淇淋給她吃。」

　　「還有其他的方法嗎？」

　　「她可以幫她寫作業。或者她可以拜託她不要再生氣了。要不然她也可以要求其他朋友轉告她，她很抱歉。」

　　她跟尼可拉斯一樣，能夠在被要求時想出多種答案。

　　唐娜的母親由於瞭解女兒仍然很畏懼其他人，尤其當

她認為有人在生她氣時。因此創造出了一種不一樣的問題情況，接著還對這項練習增加了一道新的問題。她告訴唐娜，露絲的弟弟最近在她想寫功課時一直對她糾纏不休。她要求唐娜去思考，露絲必須做什麼或說什麼才能讓弟弟不會在她寫功課時再來打擾她。唐娜的母親要求她先想出可能不會讓她的弟弟感到憤怒的解決方法，接著再想出可能會讓她的弟弟感到憤怒的解決方法。

　　唐娜說：「她可以告訴他，因為她需要有良好的教育，所以必須認真讀書。」「這是一個方法。」她的母親說。「除此之外，她還能做什麼或說什麼呢？」「她還可以說，她將會在做完功課之後跟他玩。」唐娜回答。當再度被詢問時，她則暫時想不出其他任何的解決方式。於是她的母親又問她：「如果露絲說了什麼，就有可能會讓弟弟生氣。」唐娜回答：「告訴他，她現在可以跟他玩，但她只是假裝要跟他去外面，接著她就當著他的面將房門關上。」「是的，這確實有可能會讓她的弟弟生氣。」唐娜的母親說。「其他還有什麼方式會讓他生氣呢？」唐娜想了一會，然後說：「叫他滾開！」

　　莎拉的母親利用這個練習來幫助她思考，不同的解決方式可能會對其他人造成不同的感受。莎拉現在已經能夠區分這些差異了，但只限於虛構的情況。當被要求說明時，莎拉說：「假如露絲讓弟弟在她寫功課的時候玩她的電動玩具，他就不會生氣了，而假如露絲和朋友『聯合起來對付他』，他就有可能會生氣。」接著她又咯咯地笑了起來，然後說：「露絲也有可能會躲在床底下，讓他找不到她，但我不曉得這樣是否會讓他生氣。」她的母親也笑了，並補充道：「假如讓他找到了她，可能只是很好玩罷了！」母親希望莎拉在她弟弟「煩她」的時候能夠很快瞭解這些區別。

　　當尼可拉斯被要求指出兩種羅伯可以向妹妹解釋自己必須做功課的方式時，他的創意非常有自己的特色。他首先說：「假如他跟她講一段小故事，描述一個老愛去煩別人的朋友，她應該不會生氣。」他接著又說：「羅伯可以設法讓他妹妹對樂高玩具產生興趣，然後向她示範如何做出一架樂高飛機。」接下來他解釋：「她可能就會忙著造飛機，而羅伯也就可以做他的功課啦。」被問到什麼事會讓羅伯的妹妹生氣時，尼可拉斯回答：「假如他都給她錯誤的答案，她就再也不會煩他了。」以及「將她帶到某處，然後把她一個人留在那裡。」尼可拉斯邊說邊忍不住發笑：「她就會曉得自己受騙了。」

　　小孩也很喜歡對一些在電視上看到的情境喜劇或是在書籍中讀到的問題想出不同的解決方法。你們可以在車上、晚餐時（任何有益談話的環境中）想出各種不同的問題。喜歡寫作勝過談話的唐娜就為「我能解決問題」特別設計了一個專屬日記來進行這種練習。她會杜撰出一些問題，畫出故事中的人物，然後還寫出幾種解決方法。一天她對自己的成果感到極為

自豪，於是飛奔去找她的父母，並將圖畫展示給他們看。這還是有史以來第一次她這麼樂於大聲讀出自己的想法，這也許是因為她已經將答案寫好，而不用站在那裡苦思答案了。無論原因是什麼，結果唐娜是邊說邊笑，而且還覺得非常驕傲。

有了從這項練習中所學到的經驗，唐娜、莎拉和尼可拉斯就已經準備好進一步練習，為現實生活中出現的問題想出一種以上的解決技巧了。

🔒 現實生活

就像我在第一章中提過的，孩子的生活中每天都不可避免地會產生一些問題與衝突，這是很自然的現象。我們的目標不在於擺脫所有的紛爭，而是學會如何適切且自信地加以處理。孩子通常會在三種主要領域遭遇衝突：和其他孩子、自己的父母以及老師。我將在下一章再討論最後一項衝突。

🔑 孩子間的問題

當我要求一群孩子告訴我，和其他孩子相處中最常出現的問題時，「霸凌」名列榜首。

其中有一位非常受歡迎而且人緣也極佳的十歲孩子就始終無法擺脫班上的惡霸——多明妮克——對她心裡造成的陰影。即便當我們討論其他的事情時，她總會在不知不覺中又將話題拉回到多明妮克。從跟這個女孩的談話中，我開始瞭解，她對多明妮克的關注有個因素——她很怕這個女孩。但她也覺得很無助，因為她不知道如何才能讓多明妮克不再找她麻煩。

霸凌對男孩來說也很困擾。甚至連尼可拉斯這類的問題

解決高手都難以應付極具攻擊性的孩子。他母親利用以下這段談話和他討論這個極為切身的問題，並幫助他致力於找出不同的解決方法。

> 母親：「我知道安德魯在耍流氓時會來招惹你。你能想出該做或該說什麼才能讓他不再霸凌你？」
>
> 尼可拉斯：「我只要離他遠一點就好了。」
>
> 母親：「好的，這是一件你能夠做的事。其他你還能做什麼呢？」
>
> （尼可拉斯想了一會兒。）
>
> 尼可拉斯：「我可以跟他說，當他跑來招惹我時，我很想發火。」

第二天，尼可拉斯真的告訴安德魯，當安德魯招惹他的時候，他有多生氣。不過，因為他還是有點畏懼安德魯，因此他是在操場上附近有其他孩子時才敢跟他這麼說。而安德魯就像大多數有攻擊性的孩子一樣，不怎麼關心尼可拉斯的感受，並且還是繼續去煩他。儘管如此，尼可拉斯還是很高興自己跟安德魯說出了心裡的感受。雖然他希望自己可以改變安德魯，讓他不再出現霸凌行為，但這卻不是一個實際可行的目標。因此他能做的也只有找出一個處理這個問題的方法，包括避開安德魯或是說明自己的感受，並因此感到慰藉。

莎拉則變得比較有同理心了。當她去捉弄或是嘲笑別人時，她開始會去瞭解對方的感受。也因為她一直在學習思考如果有人對她出現這些行為時，她該怎麼辦。她有生以來第一次能夠體會當自己出現這些行為時，其他人對她的看法了。她體認到同學並不像自己所希望的那樣想和她一起玩、信賴她或是

和她一起合作團體作業。但現在她開始能夠理解自己遭到排擠的原因。由於她有了大幅的進步，莎拉開始會去注意其他出現跟她一樣行為的女孩，也留意到了後果。舉例來說，當她注意到班上有一個女孩會脅迫其他人時，她心裡就在想：「假如妳像那樣去招惹別人的話，妳肯定交不到半個朋友。」

雖然莎拉現在會注意自己的感受，也比較能夠去關心其他人，但她在面對激烈衝突時，仍然難以控制自己的情緒。有一天，她和父親兩人終於有機會學習用異於以往而且更周詳的方式來處理衝突。

莎拉的父親接到一張她的老師給的紙條，上面說莎拉因為班上一個同學不想和她分享自己的螢光筆就對她口出惡言。他的第一個反應是想破口大罵告訴莎拉，她做錯了事，假如她再繼續這種霸凌的行為，她將交不到任何朋友，並且還要處罰她。但由於他正在學習「我能解決問題」，因此他克制了自己，並跟莎拉展開了一段解決問題的對話。

父親：「這是怎麼回事？問題是什麼？」

莎拉：「我想要那支螢光筆，而瓊妮不肯給我嘛！」

父親：「那接下來又發生了什麼事？」

莎拉：「我罵她笨蛋，還瞪了她一眼，她就嚇得半死。」

父親：「妳能想出一個讓她願意分享螢光筆、又不會嚇到她的方法嗎？」

莎拉意識到父親不會再責罵她了，心裡稍微放心一些，然後就努力想她還能有其他什麼辦法。她說：「將螢光筆折斷，然後她也沒辦法用那支筆啦。」她父親沒料到是這種答

案，但他想起使用虛構情節時的練習。

> 父親：「嚇唬瓊妮和折斷螢光筆會讓她覺得生氣或是不
> 　　　　生氣？」
> 莎拉：「我猜是會生氣吧。」
> 父親：「現在妳能想出不會讓瓊妮生氣的辦法嗎？」
> 莎拉：「想不出來。」

　　莎拉的父親覺得很氣餒，他做了個深呼吸，然後等到自己能夠冷靜下來之後再開口。終於他說話了：「我知道假如妳能夠認真想的話，妳一定能想出一種的。」

　　莎拉很驚訝她的父親並沒有對她大吼大叫。

　　於是回答：「我可以要求她。」

　　她的父親笑了起來說：「這個方法很好。」

　　請注意，莎拉的父親並不是稱讚她的想法，而是她願意去想。他暫時也不想再進一步逼迫莎拉。

　　第二天，莎拉放學回家時顯得極為興奮，她說：「爸，我告訴瓊妮，我很抱歉嚇到她了。」

　　真是令人驚喜的時刻！

　　唐娜也告訴她的父母，班上有一個女生會找她麻煩，但當她被要求想出一些處理的方法時，她卻說：「你沒辦法阻止別人做他們想做的事。」也許唐娜還是沒辦法想出在面對霸凌的行為時自己能夠做什麼或說什麼。也或許她只是寧可不計代價地去避免衝突。

　　由於唐娜依舊很差怯，也很畏懼其他人，幫助她在這種重要關頭控制情況顯得更重要。受到霸凌的孩子經常會覺得很無助，而這種感覺可能一生都無法擺脫。有時候，這些無法在

第一時間防衛自己的孩子反而會淪為霸凌者。這也是為什麼唐娜的母親不認為唐娜最先出現的反應——「我不知道」——是真心的。不但如此，她還和女兒一起進行腦力激盪，希望能利用「問題解決法」來想出變通的解決辦法。

> 母親：「我瞭解假如妳用心想的話，妳一定能想出辦法的。什麼樣的辦法都沒關係。儘管告訴我任何妳想得到的。」
> 唐娜：「我可以跟老師說。」
> 母親：「這是一種方法。妳還能想出其他方法嗎？」
> 唐娜：「跟妳說。」

這個回答讓唐娜的母親猶豫了一下。她瞭解，過去她一直在盡力保護自己膽小的女兒，免得她吃苦，因此老是跟她說：「不要擔心。這件事我會幫妳去跟老師說。」由於這種做法，唐娜因此不必自己去思考應該說什麼或是如何因應問題——她的母親幫她解決了她的問題。現在，多虧了「我能解決問題」的訓練，唐娜的母親認清了事實，對唐娜來說，跟老師說以及跟母親說其實都脫離不了相同的範疇，而唐娜有必要想出一種新的策略。因此她告訴唐娜：「告訴老師跟告訴我都是同一種方法——跟某個人說。妳能想出一個和告訴某個人不同的方法嗎？」

「可以呀，我可以告訴她不要再找我麻煩。」唐娜回答。她顯然很意外自己竟然能夠想出這種方法。儘管她還沒準備好去實踐這種方法，她卻已經開始瞭解，她不是只能被動地接受發生在自己身上的事情，她也能採取主動。

唐娜接著回到自己的房間，打開她的「我能解決問題」

日記，並開始寫下更多的方法。她有生以來第一次開始覺得更有自信——這是當父母設法安慰她並勸她以下這些話時未曾有過的感受：「不要去管它。」「妳不會想要有那種朋友的。」或是「我會去跟妳的老師談這件事。」

　　但不管是孩子或是父母都不可能在一夕之間就完全改變。一、兩個星期後，唐娜又哭著回家了：

唐娜：「媽，我以為我能夠信任崔西，而現在我曉得我　　　　沒辦法再相信她了。」

母親：「發生了什麼事？」

唐娜：「她告訴湯美，我不喜歡她取笑我。」

母親：「喔，那就告訴崔西，妳不喜歡她這種做法。」

唐娜：「我不能這麼做，她也會開始取笑我的。」

母親：「妳現在快要變成一個大女孩啦！妳必須學著為　　　　自己辯護呀。」

　　唐娜的母親在不知不覺中又走了回頭路，當她說：「喔，那就告訴崔西，妳不喜歡她這種做法」時，她又開始代替唐娜想辦法了。

　　所幸她警覺到自己的做法。她想起了「問題解決法」，她瞭解自己的工作應該是協助唐娜針對問題想出變通的解決辦法。

母親：「崔西將妳想保密的事情告訴了別人。這件事讓　　　　妳有什麼感受呢？」

唐娜：「生氣，而且也很失望。也有一點被嚇到了。」

母親：「妳必須做什麼或說什麼才能讓崔西瞭解妳對這

件事的感受呢？」

唐娜：「我可以告訴她，我覺得很生氣及失望。但我不
會告訴她我很害怕。」

母親：「很好的想法。就這麼辦吧，試試這種方法。」

第二天，唐娜驕傲地跟母親描述，她跟崔西說，崔西洩
露了她的秘密讓她覺得很生氣，也很失望。崔西也跟她道了
歉。由於唐娜能夠在母親的指引下自由地想出自己的解決方
法，她因此感到有能力自行採取行動，而由此獲得的報償就是
她對自己感到驕傲。

另一個許多青春期前的孩子會遇到的問題則和競爭有
關，其中包括和同學或和手足之間的競爭。每個人都會偶爾有
想發脾氣的時候，就連尼可拉斯這種具備社交能力的孩子也不
例外。鼓勵孩子想出不同的方式來舒緩競爭的情勢，對尼可拉
斯、莎拉或唐娜都一樣重要。

尼可拉斯仍然會突然失去控制而勃然大怒，尤其當他
意識到他的妹妹正和他競爭時，即便只是一些微不足道的小
事，比如幫忙烤餅乾之類的，也會讓他發火。他對此的說法
是：「每次我開始要倒材料時，泰拉就也想要倒。她老愛煩
我。我才剛拿出我的電動玩具，她就說她想玩。」

在一次製作餅乾的過程中，尼可拉斯就大聲叫嚷：「泰
拉，滾遠一點，妳又再次惹火我了！」他的母親滅火的方式只
是問一個很簡單的問題：「尼可拉斯，你能想出一個不同的方
式來告訴妹妹自己的感受嗎？」

在冷靜下來之後，尼可拉斯說：「好吧，泰拉，這次可
以先讓妳倒材料。」儘管他仍然覺得很有挫折感，他還是告訴
母親，他曉得妹妹很快就會對這項差事感到厭倦，到時他就可

以接手了。

　　當泰拉想跟尼可拉斯一起去他的朋友家時，尼可拉斯也覺得很煩。他告訴她：「我想去討論一些事情，而且我不希望妳在場。」這番話並沒有讓泰拉卻步；她仍然堅持要跟。尼可拉斯接著只好說：「妳是女生。女生不跟男生玩的。」這種說法卻讓泰拉更想反抗。

　　有一天，一個朋友邀請泰拉到家裡玩，而尼可拉斯卻說：「我要跟妳一起去。」泰拉回答：「不行，我不希望你跟來。」忽然之間，尼可拉斯明白了，他碰巧觸犯了他用來解決跟妹妹之間問題的方法了。他對妹妹說：「現在妳曉得當我希望保持跟朋友之間的隱私時，我心裡的感受了吧。」由於從哥哥的角度瞭解這種情形，泰拉再也不會在這方面去煩他了。

　　莎拉陷入了校園內的競爭。在過去一兩個月中，她跟朋友爭論過好幾回有關誰的穿著比較好看的問題。結果，她開始遊說母親幫她買一些比較昂貴的長褲、上衣以及鞋子。她的母親覺得快受不了了。一方面，她很高興莎拉開始關心交朋友的事。另一方面，她也暗自希望莎拉不要過於仰賴利用衣服來讓同儕矚目。在同時，她也瞭解，莎拉想要的衣服其實超出家裡能負擔的範圍。

　　但莎拉的母親還是覺得很欣慰，因為女兒不會再對同學厲聲叫罵了，於是開始和她討論如何解決她所面臨的問題。

　　母親：「妳必須做什麼或說什麼才能讓其他小朋友不會
　　　　　再炫耀他們的衣服呢？」
　　莎拉：「我可以跟他們說，他們的衣服醜死了。不，我
　　　　　有個更好的點子。我乾脆告訴他們，他們根本不

曉得自己在講什麼。這樣會讓我心裡舒服一點。」

母親：（提出在虛構情形中用過的問題）「這些解決方法會讓他們覺得生氣或不生氣呢？」

莎拉：「我猜會生氣吧！但是我也想不出其他任何方法了。」

母親：「妳在這方面愈來愈有進步了。我曉得妳一定還能想出一些方法的。」

莎拉：「我可以告訴他們，我喜歡自己的衣服，而且不要再炫耀了。」

母親：「現在妳想出了更多方法。妳還能再想出一些什麼嗎？」

莎拉：「我可以要其他孩子去叫他們停止。我知道。我也可以讓老師去教訓他們，這樣我就不需要自己處理這件事啦。」

（接著莎拉竊笑了一下。）

然後說：「不過，我猜這麼做會讓他們很生氣。」

　　她的母親覺得很驕傲，因為莎拉竟然不需要別人提示就能瞭解什麼事會讓其他女孩生氣了。

　　唐娜並不想去超越任何人，或是在衣著上與別人競爭，然而當班上一個同學批評她的繪畫技巧不怎麼樣時，她還是覺得非常難過。她的母親要她不要專注在自己**沒辦法**做的事情上，她說：「想出一件妳非常擅長的事情。」雖然唐娜並沒有立刻回答，但她那天晚上取出了自己的日記，並開始思考自己可以說或做些什麼事來讓自己的心裡覺得舒服一點。

　　一星期之後，在聖誕節即將來臨之際，唐娜想出了辦

法。她要求母親幫忙她烤一個薑餅人。她在薑餅人的臉上用糖粉做出了嘴的形狀。嘴巴的上方則擺上糖果球做成的眼睛，唐娜再用甘草條作成鼻子，然後擺放在薑餅人的右眼下方。唐娜笑得好開心，幾乎都快喘不過氣來了。她等不及隔天上學時可以去炫耀自己的創作。所有的孩子看到這個薑餅人時都笑了，而唐娜回家時也眉開眼笑的。她終於被另眼相看了。

　　唐娜的母親從女兒身上學到一個重要的教訓。假如是由母親建議這個薑餅人的辦法，唐娜很可能會不敢嘗試。但這卻是唐娜自己想出來的。她覺得很安全，也願意去試看看。

🔑 父母和子女間的問題

　　儘管「威權法」、「建議法」以及「說明法」在許多方面都大相逕庭，它們卻有一樣共通的特性：其中都沒有對話，而是倚賴個人獨白。父母經常會發現自己其實在自說自話，他們忙於闡述自己腦海裡關注的事情，反而忽略了他們意圖進行對話的孩子。

　　十一歲的隆迪和他的母親就發現他們捲入了一個循環性的問題中，這跟他將和朋友去看限制級恐怖電影的事有關。以下就是他們的對話方式：

　　隆迪：「我星期六將和朋友一起去看電影。」
　　母親：「你們要去看什麼片子呢？」
　　隆迪：「驚魂記。」
　　母親：「我不希望你們去看這部片子。你們會做惡夢的。」
　　隆迪：「媽，每個人都要去耶。假如我不跟朋友一起去，就沒人會理我了。」

母親：「隆迪！」（她真的生氣了。）

隆迪：「媽，拜託嘛，我已經打電話給每個人了。我答應他們我會去了。」

母親：「假如你必須擔心看某種電影才能受歡迎，也許你交錯了朋友。友誼應該是以你個人為基礎來發展的；也和信賴有關，而且必須彼此真誠相待。假如你的友誼只是建立在膚淺的事物上，就不是真正的友誼了。真正的朋友會因為瞭解你而喜歡你，而不會去在意其他的事情。」

　　隆迪的母親告訴我，她跟兒子進行過好幾回這類的談話，而現在他也瞭解了自己不必去盲從其他人的原因了。

　　現在就讓我們來看看隆迪又是如何解讀這段「談話」。以下是他對這段意見交流的理解：

隆迪：「我星期六將和朋友一起去看電影。」

母親：「你們要去看什麼片子呢？」

隆迪：「驚魂記。」

母親：「不，我不希望你們去看這部片子。」

隆迪：「媽，每個人都要去耶。假如我不跟朋友一起去，就沒人會理我了。」

母親：「隆迪！」

隆迪：「我已經看過那本書了。沒什麼嚇人的嘛。」

母親：「隆迪。我不希望你去看驚魂記。」

隆迪：（對我說）「她就是愛大驚小怪。有時她會讓我去，有時又不准。」

　　我問他，當他的母親真的表示「不行」時，接著會發生什麼情況，他說：「我會提高嗓門，然後回到我自己的房間。」請注意，隆迪完全沒提到母親對於友誼的那段苦口婆心的說明。很可能他根本半句話都沒聽進去。他也沒有提到她說的有關不希望他去看那部電影的理由。他只聽到她的憤怒，然後再加以誇大。

　　雖然隆迪的母親只使用了最輕微的「威權法」，隆迪對母親發脾氣的認知卻取代了她的「說明」，因為他將這些說明視為阻礙他滿足自己立即需求的障礙物。

　　隆迪的母親對於兒子完全想不起她說的任何一句話感到既驚訝又失望。這項事實促使她對隆迪使用「問題解決法」，她也很快就瞭解，讓兒子參與問題的解決方式才有可能阻止他去看電影。

　　母親：「隆迪，盲從其他人是讓你受歡迎的唯一方式嗎？」

　　隆迪：「媽，假如我不跟著去的話，他們會認為我是怪胎。」

　　母親：「你能想出一個不同的方式來向他們證明你不是怪胎嗎？」

　　隆迪：「不行！我一定要去看電影。」

　　母親：（還是不放棄）「我知道你想得出方法的。你喜歡做什麼呢？」

　　隆迪：「妳知道我喜歡玩曲棍球。」

　　（母親帶著一種會心的微笑看著她兒子。）

　　隆迪：（極為興奮）「媽，我曉得了。我可以向他們示範如何玩曲棍球呀。」

隆迪的母親用引導的方式幫助兒子對她提出的問題找到了一個解決方法。「**你喜歡做什麼呢？**」我很高興她能夠自我節制，而不再提議自己的解決方法，尤其這是她第一次嘗試使用「我能解決問題」的對話。而且她也很欣慰隆迪除了「盲從其他人」的強烈需求外，還能夠思考出一些其他的方法。

　　「說明法」有用嗎？我們現在就來看史考特的母親嘗試這種方法時發生了什麼事。

　　十歲的史考特一直都不喜歡洗澡，他的母親為此氣得快抓狂。當我問她如何處理兒子的這種反抗行為時，她告訴我，她會跟他說：「假如你再不洗澡，就沒人想跟你在一起。你將沒有朋友。你也將會生病…」當然，她**解釋**得愈多，只會讓史考特更堅持己見，絲毫不肯妥協。

　　我慫恿她向史考特提出一個簡單的問題：「你不想洗澡的原因是什麼？」假如沒什麼意外的話，這句問話就能讓史考特有機會說出自己的想法。而且他也肯定會回答：「因為洗澡不好玩。」

　　「喝，我還必須外出工作呢，這也不是為了好玩呀，」他的母親一開始想這麼說──但接著她制止了自己。她知道這種回應方式只是在宣洩她自己的怒氣，而無法解決兒子不情願的態度，因此，她提出了一個不一樣的問題：「你能做什麼來讓這件事變得好玩嗎？」史考特想了一會兒，接著說：「我可以假裝自己站在夏威夷的一座瀑布下。」他不僅認為自己的想法很有趣，而且這也是自己想出來的。那天，史考特終於願意洗澡了。

　　我們全都有必要瞭解史考特的母親做了什麼努力──假如我們希望自己的孩子願意聽我們的話，我們就必須向他們證

明，我們也正在傾聽他們說話。

　　親子之間會出現爭論的主要領域是房間的髒亂，這點應該沒人覺得意外。大部分的孩子覺得自己的房間應該歸自己管，而父母無權要求屬於孩子的房間必須看起來像某種樣子。父母則主張，房子屬於全家，因此必須維持某些最起碼的標準。顯然父母和子女對於同一件事抱持不同的觀點。而任一方都無法理解對方的觀點。大多數的家庭如何處理這類問題呢？

　　唐娜的母親在進入她的房間時經常會冷冷地瞪她一眼，而唐娜的反應就是著手整理。這讓唐娜的母親認為自己的策略奏效。但真是如此嗎？她真的達到了主要目標嗎？唐娜清理自己的房間是因為**自己**的希望，或是因為母親的堅持？如果以後沒人在她身邊要求她整理房間時，她又將如何呢？而唐娜在接收到母親冷峻的眼神之後，心裡又會有什麼樣的感受呢？

　　莎拉的母親也使用「威權法」。她會說：「妳將自己的房間收拾乾淨對我來說很重要。看到如此髒亂的景象會讓我抓狂！」這種說法讓莎拉更生氣，有一天她就大聲抗議；「這是我的房間耶。我在**自己**的房間愛怎麼做都可以！」這番話卻惹得母親更火，於是她大聲說：「這些全都是我買給妳的。假如不是我，妳又怎麼會有這個房間啊！」

　　但莎拉聽不進這種說法。她就是不想聽這種訓斥。

　　尼可拉斯也喜歡將自己的房間搞得亂七八糟。他的母親則是嘗試使用「說明法」，她告訴尼可拉斯，假如他希望能長大成為一個負責任的大人，他現在就必須培養良好的習慣。

　　以上的方法中沒有一個特別有成效──但「我能解決問題」卻能夠有助於讓父母與子女脫離衝突的過程。

　　對父母而言，第一步是必須瞭解這麼做的目的是不讓孩

子為所欲為。假如父母希望有整齊的房間，孩子就不能選擇是否要清理房間。但他們能夠選擇如何加以清理。舉例來說，莎拉的母親就幫助她去思考如何在體會母親感受的同時也能滿足自己的需求。她告訴女兒：「妳可以決定將自己的填充玩具放在哪裡以及妳想將襪子放在哪個抽屜。一次只要著手整理一種物品就可以了。」

即便當天只有房間裡的一個角落被收拾乾淨，莎拉的母親也已經將控制權歸還給女兒，而莎拉這方面也負起了她的母親希望她承擔的責任——不過是以她自己的方式及速度。

莎拉因此能夠維持自己的房間是屬於自己的私人領域的感受，同時又能依從父母的希望。而最棒的一點是莎拉終於能夠瞭解及體會母親的感受。莎拉非但不會覺得受到許多命令、要求及脅迫的攻擊，反而能夠對安排自己房間的方式自由地做出決定。她感到很驕傲。

同樣的原則也適用於其他的家事安排。尼可拉斯和父親每逢秋天必須耙掃落葉時就會發生爭執。尼可拉斯的父親認為，尼可拉斯應該負責這件家事，因此不用去幫他。結果，落葉就這麼日復一日的堆積著，到最後尼可拉斯不僅覺得不知所措，也不曉得要從何著手。他每天都會搪塞父親，他「忘了」要耙落葉。他的父親則會罰他禁足——有時甚至長達一星期。因此當尼可拉斯看著朋友在戶外玩耍而自己卻必須待在家裡時，尼可拉斯的內心會產生什麼樣痛苦的想法，也就可想而知了。

最後，他的父親決定要嘗試進行一段「我能解決問題」的對話：

父親：「你必須怎麼做才能記得自己必須耙落葉？」

尼可拉斯：「我可以寫一張紙條提醒自己。」

父親：「這是個不錯的想法。我們再來看看你還能想出
多少種方法。」

尼可拉斯：「我可以將耙子放在車庫外面，這樣當我回
家時就可以看到了。我還可以在上床睡覺前唸十
次「耙落葉」，這麼一來我在早上起床時就會記
得了。」

尼可拉斯顯然絕**不可能**想不出辦法的，只是當他覺得受
到輕視時，他就**不願意**去想。「我能解決問題」的對話則讓他
有機會感覺自己很善於臨機應變，而不是受到羞辱。

許多父母都跟我談過與責任有關的類似問題。一名八
歲孩子的母親就告訴我，在發現「我能解決問題」的方法之
前，過去她在孩子拒絕幫忙洗碗時一向都以下面的方式來處理
這種情形：

母親：「雀莉斯，妳沒幫忙洗碗。」

雀莉斯：「我有好多功課要寫喔。」

母親：「這裡就有一個屬於妳的工作。我對於妳不怎麼
關心這個家及分擔家務感到很難過。」

雀莉斯：「好啦！」

由於母親使用了「說明法」，因此雀莉斯能夠瞭解母親
的感受。但雀莉斯的母親實際上達到了什麼目的？她瞭解雀莉
斯的想法嗎？

下一次，雀莉斯的母親則嘗試一種不同的方法。

母親：「妳有什麼事嗎？妳今晚並沒有幫忙洗碗。」

雀莉斯：「我有好多功課要寫喔。」

母親：「噢，我們遇到問題了。我們要怎麼解決呢？」

雀莉斯：「我可以和巴比交換。」

母親：「這是一種方法。妳怎麼知道他行不行呢？」

雀莉斯：「我可以問他啊。」

母親：「假如他不答應的話，妳還能怎麼做呢？」

雀莉斯：「我可以少看一點電視。」

母親：「很好的想法。妳已經決定自己該怎麼做了。」

由於沒有受到任何人的要求、斥責或是輕視，雀莉斯因此可以自由地解決自己的問題。

未能在預期的時間從學校返家，是另一個從孩子大約十歲起就經常發生的問題，不過，這種問題也會發生在更年幼的孩子身上。一位參加「我能解決問題」訓練的母親每當自己的十二歲孩子沒有準時回家時就會變得驚慌失措（這種事不只發生過一次）。在我們和她見面以前，她都以下面的方式和兒子談話：

母親：「你到哪裡去了？現在已經四點半了！」

孩子：「我忘了時間了。」

母親：「你不知道我們有多擔心嗎！」

孩子：「對不起嘛。」

母親：「你絕對不可以再犯，否則你就有苦頭吃了。」

這個母親出於擔心、寬心以及惱怒而出現的反應是可以理解的。不過，當這種情形再次發生時，她決定嘗試使用

「問題解決法」，並專注於討論一般人可能會出現的感受以及解決這些問題的方法。

> 母親：「當這麼晚了而我們並不知道你人在哪裡時，你認為我們會有什麼感受呢？」
>
> 孩子：「擔心，可能還會生氣。」
>
> 母親：「你要怎麼做，我們才不會擔心，而且也能夠知道你人在哪裡呢？」
>
> 孩子：「我可以打電話給妳。不過，我也怕妳因此會要求我立刻回家了。」
>
> 母親：「我可能會那麼說。你認為我們希望你放學後如果要晚點回家時必須打電話的原因是什麼呢？」
>
> 孩子：「這樣你們才不會擔心。」

這個孩子在協助之下終於能超越自己的觀點來瞭解事物。他瞭解了自己的母親也是有感受的。

當孩子對日常生活中的爭執事件想出自己的解決方法時，他們會開始感到自己被賦權，而不再有受到壓制的感覺。

總 結

- 衝突是正常的。透過衝突，孩子才能學會協調自己的人際關係。將這些衝突視為一種可從中學習的機會，而不是必須迅速處理及遺忘的惱人事物。

- 在孩子提出了他自己的解決方法之後，**無論內容是甚麼**，都要予以肯定。重點是讓新的想法能夠源源不絕的產生而不會受到任何阻礙。你可以說：「這是一種方法。」接著要求孩子再想出不同的方法。

- 請記住，有助於解決問題的是想出一種以上方法的過程。以目前來說，孩子想出的方法還不如他思考的行為來得重要。假如你希望讚賞她想出了某一種解決方法，不妨說：「很好的想法。」而不是「這是一種好方法。」一種「好方法」可能一次有效，但下次就不一定了，而這將讓孩子陷入困境，以致不曉得接下來該怎麼辦。

- 在孩子能夠自在地用腦力激盪的方式想出不同的解決方法之後，可要求他去思考每種解決方法可能會讓其他人產生的感受。

- 根據其他人可能有的感受來考慮解決辦法是孩子學會自行評估某種解決辦法是否適合的第一種方式。在下一章，我們將瞭解，孩子如何才能根據接下來將發生的其他事物——某種行為的可能後果（包括這些後果可能對她自己造成的感受）來評估自己的解決辦法。

‖ 第七章 ‖

接下來可能有什麼結果？
學會「後果式思考」

與其由告訴孩子該做什麼不該做什麼，以及為什麼。不如由
孩子自己來學習思考什麼該做什麼不該做，以及為什麼。

就像我們在上一章所探討的，對一個問題想出不同的解
決辦法是極為重要的技巧——這是一種莎拉和唐娜兩人正在學
習而尼可拉斯正在改善的技巧。現在這三個孩子如果想要某種
朋友有的東西、或是覺得被出賣、或被騙時，都已經能夠自行
想出解決辦法了。即使他們第一次的嘗試並不成功，他們也不
會放棄或是因失控而發脾氣。現在，他們能夠想出變通的策略
了。

但這只是解決問題的部分過程。除了自問：「我還能
做什麼？」另外一件事也同樣重要，也就是你還必須自問：
「假如我這麼做的話，接下來可能會發生什麼結果？」

我們已經開始考慮自己的行為會如何影響其他人的感
受——這種感受就其本身而言，很有可能是我們的行為所造成
的後果。但到目前為止，我們一直著眼於讓其他人生氣。現在
我們將幫助孩子學會去注意一種更完整範圍的感受，並且去思
考自己行為的其他可能後果。

還記得莎拉用恐嚇對方的方式試圖讓同學給她一支螢光
筆的事嗎？假如莎拉曾經自忖：「假如我恐嚇她的話，她將會

反擊我。」她可能就會設法想出不同的方法了。假如唐娜能夠
瞭解在操場上將會受到同儕的接受而不是拒絕的話，也許她就
會比較願意主動去詢問能不能和他們一起玩了。尼可拉斯也需
要花點心思來改進這種技巧，因為他雖然有能力思考自己的行
為對其他人造成的影響，但他在緊要關頭時卻不是每次都能考
慮到這點。

🔒 學會思考行動的後果

🗝 思考需要時間

　　孩子在八歲前就開始能夠瞭解，在他們腦海中出現的第
一種想法不見得就是最好的。如果想介紹這種觀念，不妨從一
種活動開始，你可以稱之為：「先做什麼事？」向孩子提出一
個問題，譬如：「魯迪又在作弄提姆了。請很快地告訴我，提
姆必須說什麼或做什麼才能讓魯迪不再作弄他。」假如孩子表
現得有些遲疑，你可以說：「想到什麼就馬上告訴我。他有什
麼解決辦法呢？」莎拉立刻就回答：「告訴他：『從我面前滾
開！』」唐娜則選擇：「跟老師說。」尼可拉斯想到的是：
「跟他說：『住手！』」

　　無論你的孩子想到的是什麼，你都要回答：「好的。
現在讓我們再試一次，只不過這次必須停下來想出另一種辦
法。請花點時間思考。如果你想出別的辦法了，請告訴我是
什麼。」當孩子回答時，繼續問他：「你認為哪一種辦法比較
好──第一種或第二種呢？」

　　在孩子回答後，再問他：「你為什麼會這麼認為呢？」
這項練習的目的是幫助孩子認清，他們快速想到的第一種解決

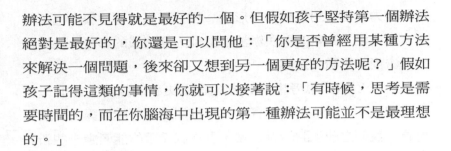

辦法可能不見得就是最好的一個。但假如孩子堅持第一個辦法絕對是最好的，你還是可以問他：「你是否曾經用某種方法來解決一個問題，後來卻又想到另一個更好的方法呢？」假如孩子記得這類的事情，你就可以接著說：「有時候，思考是需要時間的，而在你腦海中出現的第一種辦法可能並不是最理想的。」

🔑 虛構人物的後果

當你們一家人聚在一起吃晚餐、坐車時，或是其他任何可以進行談話的場合，不妨試試這項遊戲。一開始可以先說：「還記得我們討論過有關露絲的弟弟在她試圖寫功課時對她糾纏不休的事嗎？我們就來想出一些當露絲真的做了你認為她能夠做的事情之後，可能會發生的不同結果。」

唐娜的母親說：「妳說過露絲可以告訴弟弟，因為她需要有良好的教育，因此必須認真讀書。現在，妳認為這是不是一種好方法？」「好方法啊。」唐娜微笑著回答。「為什麼是一種好方法呢？」母親問道。唐娜回答：「因為這麼一來他就能理解並讓她去做功課啦。」

她的母親接著提醒唐娜，一個唐娜曾經提議過卻有可能讓露絲的弟弟生氣的解決辦法：「跟他說現在就可以跟他玩，而等到他走出去時就將門關起來。」接著她問唐娜這算不算是一種好方法，而唐娜則說：「算是吧？」「為什麼妳會這麼認為呢？」母親問道。「因為這麼一來露絲就能將功課完成啦。」這種反應讓唐娜的母親獲得了一項新的訊息，如果她在唐娜對這種解決辦法提出**自己**的看法時加以批評的話，她可能就沒有機會瞭解這點了。儘管如同我們之前觀察到的，唐娜確實瞭解其他人的感受，但她卻並不一定能在解決問題時運用

那種能力，即便對虛構的情形也一樣。唐娜只專注於自己的需求，而未注意到她的解決辦法對其他人會造成的影響。她的母親過去尚未意識到這點。

由於對唐娜思考事情的方式有了更新的瞭解，她的母親於是問她：「我曉得妳確實瞭解這種辦法有可能讓露絲的弟弟生氣。我們之前也討論過這點。現在我希望妳能考慮一些新的因素。如果露絲真的將弟弟關在門外，除了他可能會有的感受以外，請想想看接著還可能會發生什麼事情。」「她的父親可能會體罰她，」唐娜回答。「是的，的確可能發生這種結果。還可能會發生什麼事呢？」當唐娜跟她說不曉得時，母親提醒她：「假如露絲說要跟弟弟玩，卻又將門關上，露絲的弟弟可能會做什麼或說什麼呢？」「也許他會說他再也不要跟她玩了。」「妳認為露絲會希望這種結果嗎？」「不會。」唐娜說。「好的，那妳認為哪種辦法比較好，告訴他，因為她需要有良好的教育，所以必須念書，或是告訴他，她會跟他玩卻又將門關起來呢？」

唐娜想了一會兒，接著說：「告訴他，她需要有良好的教育。」唐娜一直都很能理解其他人在遇到問題時的感受。她現在也開始知道如何處理這些感受，以及假如她這麼做的話可能會發生什麼結果。

當莎拉被詢問如何解決這種問題時，她提出了一種不會讓弟弟生氣的解決辦法——露絲可以在寫功課的時候讓弟弟玩自己的電動玩具，以及一種她也承認有可能會讓弟弟生氣的辦法——跟朋友聯合起來對付他。當母親問她哪一種辦法比較好時，莎拉認為第一種比第二種好，但卻認為，「她跟朋友聯合起來對付他」會很好玩。

母親接著問她：「假如她的朋友這麼做的話，還可能會

發生什麼事？」這個問題讓莎拉有生以來第一次不僅必須考慮其他人的感受，也必須考慮其他後果。結果她回答：「他可能會認為再也沒人喜歡他了。」

在以上兩種情況中，唐娜和莎拉都被要求去評估自己的想法，而不是被告知她們的想法好或不好。在這種過程中，她們得以延伸自己的想法，並進而探索未知的領域。她們開始瞭解自己的需求必須與其他人的需求相互協調，才能讓相關的每個人都成為贏家。

為了協助自己的孩子能將這種全新的技巧應用在現實生活中，唐娜和莎拉的母親又向她們提出了另外一個和虛構人物有關的情況：「詹姆士對他的朋友凱倫大發雷霆，並要她滾開。接下來可能會發生什麼事呢？」

這種情形對唐娜有些困難。她說：「凱倫將會對他吼回去，接著再躲起來。」這是唐娜的典型反應，她仍然極力避免衝突。

莎拉對於應付這種情況就顯得比較從容，因為她自己就經常因為這樣而吃足苦頭。事實上，她也曾經遇過完全一樣的場景，然而她卻能夠泰然自若地談論這種情況，因為這些人物是虛構的。她不會覺得像是直接在談論自己。

「他們會吵起來。」莎拉說。當被問到還會發生什麼事時，莎拉回答：「詹姆士將會對自己嚇到凱倫覺得很抱歉。」莎拉的母親對這種說法很吃驚。「他會覺得很抱歉……」以及「……自己嚇到凱倫」都是富有同理心的反應。這也顯示出，莎拉同時考慮到了自己以及其他人的感受。過了一會兒，她又完全自發性地補充了一句：「我想叫她滾開不是一個好辦法。」母親說：「那什麼才是好辦法呢？」「他們就把話說清楚就好啦。」莎拉說。莎拉的母親

就此打住了，因為她試圖在面對莎拉的突破性發展時保持冷靜。她非常以自己的女兒為榮。

以下則是一些在上一章提過的安卓亞對這種情形所指出的一些有趣後果，「凱倫會告訴詹姆士：『我認為我們兩人是朋友，但朋友並不會叫對方滾開。』」以及「凱倫可能會告訴他，她再也不跟他做朋友了。」但她也能夠想出兩個極富有同理心的後果，「凱倫可能會覺得很丟臉、難堪或不高興。」以及「詹姆士可能會因為叫凱倫滾開而感到難過。」

當尼可拉斯的母親提議練習這項技巧時，尼可拉斯自己想出了一種問題情況。他寫了一則故事，是有關在下課時間老是闖入別人比賽中搗亂的小男孩的，我將這則故事修改後，放入現在被小學中年級使用的「我能解決問題」的訓練計劃中。尼可拉斯將自己的故事稱之為「冒失鬼巴克」。

以下就是這則故事。

（葛瑞和麥克正在打球。）

葛瑞：「巴克，你闖入我們的比賽了！」

麥克：「你老是這麼冒失地闖進來，我們不喜歡這樣。閃到一邊去！」

巴克：「哈，哈。你連球都接不到。」

葛瑞：「假如你再像這樣闖進來的話，就再也不能跟我們一起玩了。」

巴克：「假如你能讓我一起玩，你就可以用我的球棒。」

葛瑞：「如果麥克同意的話。」

巴克：（轉向麥克）「我也會讓你用我的球棒。」

麥克：「好吧。但千萬不能再這麼冒失地闖進來了。」

　　尼可拉斯的父母很喜愛這則故事，也對於他能創作出這種故事覺得又驚又喜。他們問他是否還想再進一步發揮他的創意，並想出更多有關巴克闖入的行為會導致的後果。尼可拉斯也同意了。他的母親說：「假設說，葛瑞和麥克仍然不想和巴克玩。而巴克還是繼續闖入他們的球賽中，可能會發生其他什麼結果？」

　　這種問題有些困難，因此尼可拉斯必須認真想。最後，他想起了自己對這則故事下的標題，於是就笑了起來。

　　尼可拉斯：「其他小孩就會嘲笑他，並會反覆地叫他：
　　　　　　　『冒失鬼巴克，冒失鬼巴克。』」
　　母親：「還有呢？」
　　尼可拉斯：「他們可能還會捏造他做過的事，並告訴老
　　　　　　　師。」
　　母親：「所以說，闖入的行為好不好呢？」
　　尼可拉斯：「不好。」

　　所以這三個孩子都有了重要的進展。但他們對於與自己行為有關的後果，是否也已經能夠思考得一樣透徹了呢？而他們的父母準備好要幫助他們根據這些後果去理解自己的想法與行為之間的因果關係了嗎？我也意識到在父母能真正瞭解幫助孩子思考可能後果的好處之前，我必須先找出父母重視的是什麼。

🔒 與父母討論後果

　　如同我在前一章中提過的，期望孩子能清理自己房間的

父母經常會訴諸「威權法」，因為這種方法「確實有效」。當我要求他們進一步說明時，他們表示：「在接下來一星期房間都保持得很整齊。」或是「他知道如果再這麼懶散的話，將必須承擔後果。」

我告訴這些父母有關一位愛偷其他孩子文具用品的小六女生的事情，由於她被告知有可能會惹上嚴重的麻煩，因此才不得不停止偷竊。她的確不再偷東西了，因為她不想「被逮到」。她的父母和老師覺得很欣慰。我則不以為然。

當然，停止偷竊的行為的確是好現象。但我向這幾位父母指出，女孩的老師和父母只注意到了她的一半問題。她被勸說後確實停止了偷竊的行為，但她的理由（因此她才不會被逮）顯示出她完全缺乏同理心。她對那些因自己的行為而受害的人毫不在乎。我也因此確信，假如她能想出一種偷東西不會被逮到的方法，她極可能還會再犯。

有一次我在一間位於火車站的速食店中買漢堡，由於趕時間，我在轉身去拿番茄醬時就很愚蠢地將皮夾留在櫃台上。不用說，等我回過頭來時，我的皮夾已經不見了。這個竊賊有考慮過我嗎？他曾經停下來思考過我可能會有的感受以及我要怎麼回家嗎？沒有，因為他只考慮**他**想要的東西，也許還有如何得手而不會被逮。

唯一能阻止我們傷害其他人的心理或身體的持久動機就是我們不希望傷害對方。這種感受必須發自我們的內心深處。缺乏這種感受的人無法考慮到自己造成的痛苦，而且假如他們認為自己能放手一搏而不會被逮，他們也不會住手。

換句話說，只著重「預期事物」的策略——無論是被用來讓孩子不再偷竊或是整理自己的房間——都缺乏遠見。這些策略只會在當下奏效，將來則不然。我們希望孩子能做出可明

確預見後果的決定，而且不僅是當下的後果，甚至包括未來幾天、幾週以及幾年的後果。

當孩子能夠毫無拘束地根據接下來可能發生的後果，而思考出問題的解決之道，並同時考慮自己與其他人的感受時，他們就會覺得被賦權。他們對於由自己想出屬於自己的解決辦法也會感到驕傲。而且這些孩子跟那些被我們要求、說明或是建議的孩子比起來，也將更可能去實現自己的想法。

習慣要求、說明與建議的父母如何才能轉換至「問題解決法」呢？只要在心裡謹記一句簡單的法則就可以了，而且你將發現放手讓孩子自己去思考變得容易許多：將說明轉變成問題。

🔒 現實生活

🔑 與其他孩子間的問題

就像我們在前面觀察到的，莎拉對於虛構的情況已經開始能夠想出解決辦法，還能補充說明後果。但在遇到現實中的問題時，她仍然需要時間才會應用這些心得。不過，在現實生活中使用「我能解決問題」的方法時，並不是只有孩子才會遇到困難。有些父母（尤其是第一次學習「問題解決法」的父母）也會在面臨激烈衝突時想要訴諸於其他方法，尤其是當他們非常惱火時。

以下就是當莎拉在學校中惹麻煩時所發生的事。

父親：「莎拉，妳的老師告訴我，妳又霸凌其他孩子了，而且還干擾上課。假如妳再這樣繼續下去，

　　　　　　妳將什麼也學不到，而且也交不到任何朋友！」

莎拉：「我才不在乎呢！」

父親：「妳已經夠大了，也應該更懂事了。假如妳不停
　　　　止這種霸凌行為，我將不得不將妳禁足，直到妳
　　　　願意改進為止！」

　　之後當我和莎拉的父親談話時，他對於自己將學到有關
「問題解決法」的要領忘得一乾二淨覺得很懊惱。但就如同我
們會教孩子不要太快放棄一樣，我也告訴莎拉的父親不要絕
望。父母學習新行為，譬如：如何使用「我能解決問題」的對
話跟孩子談話，和孩子學習改變自己的行為同樣困難。莎拉的
父親只是還需要對自己及女兒再多付出一點耐心。在我們復習
過「問題解決法」之後，莎拉的父親又再試了一次：

父親：（以一種較不具威脅性的口氣）「妳為什麼會想
　　　　去霸凌其他小朋友呢？」

莎拉：「我不知道。」

父親：「假如妳真的很用心去想，我知道妳能夠想出一
　　　　個理由的。」

莎拉：「爸，大家都不喜歡我。」

父親：「霸凌其他小朋友是一種讓他們喜歡妳的方式
　　　　嗎？」

莎拉：「我想不是。」

父親：「當妳霸凌他們時，會發生什麼事呢？」

莎拉：「他們會告訴老師，而我就有麻煩了。」

父親：「還會發生什麼事？」

莎拉：「他們全都會跑開。」

父親：「那妳對這種情形又有什麼感受呢？」

莎拉：「難過。」

父親：「當妳霸凌他們時，妳認為他們會有什麼感受呢？」

莎拉：「害怕以及痛苦。」

父親：「如果他們很害怕及痛苦，妳又會有什麼感受呢？」

莎拉：「難過。」

父親：「妳必須怎麼做才能讓他們不會感到害怕及痛苦，而妳也不會感到難過？」

莎拉：「當他們的朋友。」

　　當莎拉被要求去思考霸凌同學之後會發生什麼結果時，她的第一個想法是自己會惹上麻煩——一種外在的後果。在父親引導之下，莎拉開始瞭解，這些行為也會造成「內在的」後果（比較具同理心的想法）反應了假如她傷害其他人自己可能會產生的感受。如果孩子停止毆打其他孩子的原因是真心不想去傷害其他人，他會比受到某種快速「嚇阻式」懲罰方式的孩子更不容易回復其舊有的行為。

　　就像我在第三章說明過的，這也是為什麼孩子在能夠關心其他人的感受之前，必須先關心自己的感受是如此重要的原因了。現在，多虧了「我能解決問題」的引導，莎拉開始會往這個方向去思考。我曾經輔導過一位在她的父母開始在家使用「我能解決問題」的方法前時常出現霸凌行為的女孩。在學會解決問題的方法之後，這個小女孩告訴母親，她不再霸凌其他人並不是因為她被威脅停學或是禁足，而是因為「這種行為會讓我的內心很痛苦。我不過只是想向朋友耍帥而已。」

有一天，尼可拉斯認為雷蒙在學校偷了他的鉛筆時也磨練了自己後果式思考技巧。

　　　母親：「你為什麼會這麼認為呢？」
　　　尼可拉斯：「因為我口袋中的鉛筆不見了，而他又正在用那支鉛筆。」
　　　母親：「接下來發生了什麼事呢？」
　　　尼可拉斯：「我告訴他，我再也不讓他用我的東西了！」
　　　母親：「雷蒙有採取什麼行動或說什麼嗎？」
　　　尼可拉斯：「都沒有。」
　　　母親：「你和雷蒙是朋友嗎？」
　　　尼可拉斯：「再也不是了。」
　　　母親：「這是你希望的結果嗎？」
　　　尼可拉斯：「我想不是。」
　　　母親：「假如你用那種方式跟雷蒙說話，還會發生什麼事？」
　　　尼可拉斯：「他也不會再讓我用他的東西了。」
　　　母親：「而你對這種結果會有什麼感受？」
　　　尼可拉斯：「難過。」
　　　母親：「當你看到雷蒙在用你的鉛筆時，你還可以怎麼說？」
　　　尼可拉斯：「那是我的鉛筆，我現在需要用。」

　　第二天，儘管尼可拉斯對於有人竟會對他做出自己從未想過要對其他人做的行為而感到難過時，他還是對自己大聲吼雷蒙的行為向他致歉。但他也瞭解了當他在指責雷蒙偷竊時沒

有機會瞭解的事實，他瞭解了雷蒙並不知道這支鉛筆是尼可拉斯的，而且不認為自己偷了這支筆。尼可拉斯明白，沒有先跟雷蒙確認，也不聽雷蒙的說法，讓他差點就損失了一位好友。

為了幫助還是比較喜歡用寫日記的方式來抒發想法的唐娜，我建議她的母親設計出一張表，這是老師在課堂上進行「我能解決問題」的課程時，孩子們很喜歡填的一種表。我們稱這種表為「今天『我能解決問題』了嗎？」各位在本章最後面可以看到一張範例。你也能幫自己的孩子做出一張類似的表格，並複製在色紙上。舉例來說，唐娜就很喜歡稱這些表單為「黃單子」。

唐娜在填「黃單子」時很開心，也將其視為她日記的一部分。她有時會觀察一件在學校中發生在她兩位或更多位同學之間的問題，並在自己的日記中寫下自己認為他們可能會有的感受，以及他們能夠做什麼來解決這個問題。儘管她不一定都能依照表單的要求對一個問題想出五種解決方法，但這項活動不僅讓她更瞭解其他人，也讓她去思考，假如她自己遇到同樣問題時，她應該怎麼做。

一天，她覺得有必要去幫助另一位正遭遇痛苦的人——因為肥胖而被取笑的同學溫蒂。她告訴取笑的人住嘴，因為「這也不是溫蒂的錯，而且妳這麼做會讓別人感到痛苦。」正在取笑溫蒂的女孩在聽到唐娜仗義直言時感到非常意外，她不僅停止了這種行為，過不了多久，三個女孩還變成了最要好的朋友。唐娜對這種發展結果感到十分興奮。

唐娜極熱愛填寫她自己的黃單子，因此我將這些填好的表單展示給我正在輔導的所有家長參考，其中也包括莎拉和尼可拉斯的父母。

在莎拉也開始記錄她的黃單子之後，沒多久，學校裡的一個男孩就因為她小考不及格而罵她「笨蛋」。一開始，莎拉氣得大罵這個男孩，但接著她有了不同的做法。她取出自己的黃單子，在上面寫著自己覺得非常生氣以及他可能感到「沾沾自喜」。她也記下，自己也回罵了他笨蛋，以及她只要跟老師說他曾經作弊，就可能會讓他倒大楣。但她也認清，這些解決方法中沒有一個能夠讓這個男孩心服口服。在思考了很長一段時間之後，她繼續寫下：「我可以告訴他：『如果你考試不及格，我也不會跟你說出這種話。』」接著她的心情就大為振奮，並在單子上寫了一首詩：

史蒂夫今天惹我生氣。
我嚇唬他，他現在很狼狽。
我如今很懊悔自己的行為。
我忘了我的「我能解決問題」了。

八歲的雪若由於身材肥胖而遭到無情的嘲弄，她真希望能對欺負她的人又快又狠地踹一腳。但由於想起了**她的**「我能解決問題」，於是她轉向那個嘲笑她的女孩，而且相當平靜地說：「我的身體構造跟妳不同。」

這個年齡的孩子經常會跟朋友發生衝突。好朋友間為了第三者而發生爭執是極為常見的問題。席爾薇和法蘭辛兩個人都是十二歲，她們正一起規劃一場派對。席爾薇希望邀請她的朋友安妮參加，但法蘭辛不願意。法蘭辛解釋自己和安妮處不來，因此如果安妮在場，她會覺得不自在。法蘭辛的母親於是和她討論這件事：

母親：「妳認為那個被遺漏的女孩會有什麼感受呢？」

法蘭辛：「難過。」

母親：「妳認為席爾薇對於妳跟她爭執這件事又會有甚麼感受？」

法蘭辛：「生氣。」

母親：「妳何不去跟席爾薇將這件事講清楚，也許妳們兩人可以一起想出解決辦法。」

（法蘭辛於是決定邀請席爾薇到自己家裡來。）

法蘭辛：「假如安妮來參加派對的話，我真的會覺得很不自在，因為我們無法和睦相處。」

席爾薇：「妳不要跟她接觸不就好了？」

法蘭辛：「這很難。這只是一場小派對。」

席爾薇：「總之，那是我家，而她是我的朋友，況且我不想失去她這個朋友。」

這種說法讓法蘭辛動搖了。她瞭解，假如自己再堅持不讓安妮來參加派對，她極有可能會失去席爾薇的友誼。

法蘭辛：「好吧。我就盡量避開她好了。」

法蘭辛學到了非常重要的一課。她瞭解自己必須顧及席爾薇的感受，而不能光考慮自己的。由於她不希望失去她的友誼，她因此能將安妮參加派對的重要性降低至次要的位置。

想出某種解決辦法可能會造成的後果，比光是想出解決辦法更往前跨進了一大步。但孩子不能就此滿足。對法蘭辛而言，去思考自己可能會因為堅持其他女孩不得參加派對，而失去席爾薇的友誼是解決這個問題的第一步。但純粹遷就席爾薇的希望亦無法舒緩法蘭辛的感受。必須等到她想到另一種令人滿意的解決辦法之後，這個問題才能算是圓滿落幕。

🔑 手足之間的問題

　　對尼可拉斯而言，妹妹泰拉開始變得更像是他的「眼中釘」了。雖然她在黏著要跟他和他的朋友一起玩方面有收斂一些了，但她仍然喜歡用他的東西。假如他得到了一架模型飛機當生日禮物，她就會想要拿來玩。他不介意分享自己的東西，但有一定的限度，不過，看來泰拉彷彿連自己的東西也不想要了，只想要屬於哥哥的東西。儘管他的父母試圖向他說明，這只是一段過渡時期，很快就會結束的，尼可拉斯還是覺得很心煩，他會這樣也許是可以理解的。一天，泰拉又騎走了尼可拉斯的腳踏車，其實她自己就有一輛，我勸他的父母可以思考如何運用「我能解決問題」來處理這種情形。他們於是私下和尼可拉斯討論這件事（不讓泰拉聽到）。

　　母親：「你能想得出泰拉騎你的腳踏車的原因嗎？」
尼可拉斯：「她告訴我，她希望自己是男生。」
　　父親：「噢，你沒跟我說過這件事。」
尼可拉斯：「我覺得這種想法很蠢。」
　　父親：「你當時怎麼回答？」
尼可拉斯：「我只告訴她不准再這麼做。」
　　父親：「你認為當你跟她這麼說時，她有什麼感受？」
尼可拉斯：「心情不好吧，但我也很生氣。」
　　母親：「我瞭解，你覺得你的所有物應該是屬於你自己
　　　　　的。對這個問題你能想出一種既不會讓她心情不
　　　　　好、而你也可以保持愉快心情的解決辦法嗎？」
尼可拉斯：「我想我可以告訴她，當她想要借我的東
　　　　　西時，必須先來問我，而且將由我來決定她是否

能拿走。」

母親：「接下來可能會發生什麼情況呢？」

尼可拉斯：「她可能根本不會來問，而我則會變得更生氣。」

母親：「有可能會這樣。你能想出一種不會造成這種結果的談話方式嗎？」

尼可拉斯：「我可以告訴她，假如她有先來問我的話，我可能會讓她使用，而且會告訴她我希望她歸還的時間。」

　　如同我在第五章討論過的，**瞭解對方出現某種行為的原因可以開啟新的解決之道，進而將問題圓滿地處理**。在上述案例中，尼可拉斯在父母的協助下瞭解了泰拉的潛在動機，並在思考解決辦法時不去考慮她的煩人行為。的確，當他不再執著於自己的所有權之後，泰拉反而覺得沒那麼想糾纏他了。

　　假如你的女兒也有兄長，你在家中可能也會遭遇類似的問題。妹妹希望傚效自己的哥哥、甚至將他當成偶像，這並非不尋常的事。你愈是試圖忽視女兒的感受，或是勸導她去找自己的朋友玩以及玩自己的玩具，她這種需求愈可能受到激發。對於大多數的女孩來說，這只是一段過渡時期，終將會結束。但你可以降低這種情況存在時的緊張氣氛，此時你就可以對女兒和兒子使用「問題解決法」了。

父母和子女間的問題

　　當孩子和自己的父母之間出現問題時，思考後果也極為重要。還記得第六章中討論過的當尼可拉斯忘了耙掃落葉時和父親之間發生的問題嗎？在尼可拉斯想出一些辦法來幫助自己

記得做份內的家事之後，他們第一次的討論幫助彼此克服了憤怒及挫折的心情。這個問題第二次出現時，他和父親對此有一段重要的談話。

尼可拉斯的父親以談論感受來開始這段談話。

> 父親：「你認為當你忘了耙那些落葉時我有什麼樣的感
> 　　　受？」
> 尼可拉斯：「生氣。」
> 父親：「我們也討論過一個人還可能會產生其他感受。
> 　　　你認為我還可能會有什麼感受呢？」
> 尼可拉斯：「也許是失望、還有挫折？」

「問題解決法」的其中一項驚人特點就是，我們不僅能從而了解自己孩子的感受，還能進一步瞭解自己的感受。當尼可拉斯回答：「失望及挫折」時，他的父親沉思了片刻，然後體認到自己的感受不僅於此。他瞭解自己也感到痛心，並體驗到對兒子信任感的喪失──一種他的兒子想像不出的後果。而對尼可拉斯的父親而言，讓兒子瞭解這點非常重要。他於是決定將「問題解決法」與「說明法」結合在一起。

> 父親：「是的，我確實覺得失望和挫折。我也覺得很
> 　　　痛心。我感覺像是我在要求你的時候不能指望你
> 　　　辦得到。」
> 尼可拉斯：「我沒想到這點。我確實忘了。我以後會嘗
> 　　　試之前想出來的方法，然後我會用心記住。」

解決眼前的問題必須讓孩子從瞭解你的感受著手。因為

讓孩子瞭解你的觀點別無他法，你一定得向他說明。然而，利用這種說明作為解決其餘問題的跳板也極其重要。

對尼可拉斯和他的父親來說，這段談話具有同等的重要性──兩人都因而瞭解了對方的感受。就像我們在第六章中提過的，尼可拉斯現在有了新的理由去實行自己最新的解決方法了。他真的不想再讓父親失望。

而就尼可拉斯的父親而言，他告訴我，他第一次瞭解了自己的感受。他說：「在我們進行過『我能解決問題』的談話之後，我們之間的關係有了轉變。我更信任他了，而他也信任我。也不是說他從來都不會遺忘自己對家裡的責任──他仍然只是個孩子。但當他下定決心時，他的表現真不是蓋的。我們會把事情拿出來討論。」

最後的結果是，尼可拉斯瞭解了必須更盡責地清理落葉，莎拉則學會了清理自己的房間，而雀莉斯則學會幫忙洗碗。這些都是絕佳的範例，說明了「問題解決法」不表示要放任孩子為所欲為，反而是要以賦權的方式協助他們成為家中更有責任感的一員。

而對一位自己十歲的女兒將自己皮夾中的錢全都偷光的母親來說，這種方法又能提供什麼幫助呢？這位母親其實很想教訓女兒：「妳竟然偷了我的錢！妳到現在都還分不清楚是非對錯嗎？妳將被禁足一個月了！」但由於她已經熟悉「我能解決問題」的方法了，她改而採取一個非常不一樣的處理方式。

母親：（以一種不帶脅迫性的語氣）「如果妳需要錢，
　　　妳為什麼不直接向我要呢？」
孩子：「我知道妳一定不會答應，而我需要這筆錢。」

母親：「妳為什麼會需要這筆錢呢？」

孩子：「我需要買禮物送我的朋友。」

母親：「如果妳拿走了我所有的錢，妳想可能會發生甚麼結果？」

孩子：「我會被妳禁足。」

母親：「我可能會那麼做。妳認為我會發生什麼事呢？」

孩子：「妳可能需要用錢，因此也就沒錢可用啦。」

母親：「妳認為我現在對這件事有什麼感受呢？」

孩子：「難過。」

母親：「妳認為我還可能會有其他什麼感受？」

孩子：「失望。」

母親：「妳現在又有什麼感受呢？」

孩子：「我很難過，媽。我不會再犯了。」

母親：「下次妳需要用錢時，妳將會怎麼做呢？」

孩子：「我會問妳。」

母親：「當妳知道自己將需要更多錢時，妳必須怎麼處理自己的零用錢，才能讓自己在需要時有足夠的錢呢？」

孩子：「存起來。」

　　雖然這位母親後來確實要求孩子將零用錢存起來還她——一種很實際也很合理的要求，但這段對話也達到了多種目的。這個小女孩在母親的協助下想出了除了「被禁足」（無論她多厭惡，這都是某種她必須承擔的外在後果）外，自己還可能會發生的結果。她因此有機會去思考自己的行為對其他

人可能造成的影響（「妳可能會需要用錢，因此也就沒錢可用啦。」），以及這種行為對自己的感受可能造成的影響。

假如她的父母希望預防女兒再度偷竊，他們必須從內在去培養她的同理心意識。她不僅將學會分辨是非，這種談話也將能對她產生深遠的影響。比起害怕被逮以及受懲罰，這種談話所引起的共鳴會更大。現在，這個女孩不**希望**去傷害其他人。而她也將能夠去思考如何在不傷害他人的情況下用其他方式來滿足自己的需求。

父母在自己的子女做出違抗他們期望的事情時也會非常憤怒。比方說，卡拉的母親就認定自己十一歲的女兒將頭髮留成一副「蹩腳」的樣子是故意表現叛逆及輕蔑。母親試圖要鞏固自己的權威，她說：「我不准妳把自己弄成這副模樣！」但卡拉對她的命令充耳不聞。她很害怕，哪天她女兒回家時身體上已經穿了各種不同的洞了。她於是決定必須用不同的方式和卡拉好好談一談：

母親：「我不喜歡自己才十一歲的女兒看起來像是已經十五歲了。妳為什麼要將自己的頭髮梳成這樣呢？」

卡拉：「因為我的朋友全都這麼弄啊。」

母親：「我希望對妳的儀容裝扮也能盡點心。否則我會覺得自己像是完全無法參與妳的生活。」

卡拉：「這件事我們可以一起參與嗎？」

母親：「妳的意思是什麼？」

卡拉：「有些日子讓我照自己的意思去弄頭髮，有些日子我就聽妳的。」

母親：「聽起來很合理。我們就來試試看。」

卡拉的母親就像尼可拉斯的父親一樣，將「說明法」和「問題解決法」結合在一起；也就是說，她說明了自己產生某種感受的原因。這促使卡拉想出一種雙方都能接受的解決辦法。此外，當卡拉的母親並未一口回絕卡拉提出的解決辦法時，卡拉覺得受到母親的尊重。我問卡拉的母親當她用這種方式和卡拉談話時，心裡有什麼感受，她看起來心情很愉快，並說：「這是我頭一回不會覺得被拒於千里之外。而且我們解決了一個長久以來一直在爭執的問題。我真希望老早以前我們就能進行這種討論。」

對於卡拉這種年紀的孩子，會發生與古怪的服裝或是花俏的髮型有關的問題，並不是不尋常的事，而且如果能快速而平靜地處置，他們通常也能在很短的時間內就脫離這種階段。在合理的範圍內讓孩子去試驗，也許是最理想的做法，在必要時再使用「問題解決法」，然後就信賴他們的決定。

🔑 老師和孩子之間的問題

孩子經常無力解決和老師之間發生的問題，這是因為他們害怕接下來可能產生的後果。老師畢竟握有無上的權利，而孩子也深刻體認自己的力量不足。

正當唐娜學會以更果斷的態度和自己的同儕相處時，她和老師之間卻出現了一個問題。這是唐娜第一次遇到這種情形，也因此她的母親延遲了一些時間才開始使用「我能解決問題」。

唐娜：「媽，老師說我作弊。」
母親：「妳有嗎？」

唐娜：「不。我講真話。絕對沒有。」
母親：「那妳應該去跟老師說清楚啊。」
唐娜：「我沒辦法。她一定會說我不應該頂撞她。」

　　母親試著想引導唐娜直接去找老師談，而不是由她自己來跟老師說（最起碼在唐娜認為自己不行之前）。但她仍然在建議唐娜應該怎麼做，因此還是在幫她想辦法。
　　我跟她說明在這種情況下她應該如何使用「我能解決問題」。唐娜的母親之後則展開了以下這段談話：

母親：「妳現在能夠做什麼呢？」
唐娜：「我不能跟老師說。她會認為我在頂嘴。」
母親：「這是一個棘手的問題。請再認真想。妳還能怎麼做呢？」

　　唐娜想不出任何解決辦法。這種情形並不少見。有些時候你的孩子就是想不出該怎麼做或說些什麼，而你可能就會由於很想助他一臂之力，於是就開口說出了你的建議。除非你的孩子即將受到傷害或陷入某種危險的情況，否則你都只要保持耐心，而且跟他說：「我知道你可以想出辦法的。慢慢來沒關係。」你必須堅定地抗拒幫孩子思考的衝動。在一或兩天內，她很可能就會想出自己的解決辦法了。
　　果不其然，第二天，唐娜就想出了自己能夠做的事。

唐娜：「我可以問她，我要怎麼做才能向她證明我並沒有作弊。」
母親：「這麼做可能有用喔。就這樣吧，試試看這個辦

法。」

唐娜放學回家時臉上滿是笑容。她說：「媽，索耶老師說，下次考試時，她會將我安排在旁邊的位置。我知道她一定能發現我並沒有作弊。」當你進行類似這樣的談話時，請仔細觀察孩子的神情和聲音有多麼自豪。回想這種自豪的感受將有助於你下定決心，當下次再遇到問題時就能盡量避免洩露自己的想法，並容許孩子自行從難解的情況中摸索出路。

莎拉則遇到不一樣的問題。她覺得自己受到老師不公平的對待，原因是她從未被指派為班級信差來負責送資料到保健室及訓導處。由於她的母親現在對於「我能解決問題」對話已經運用得非常駕輕就熟了，因此就和她進行了類似下面的談話：

母親：「妳知道為什麼自己沒被選為信差嗎？」

莎拉：「不知道。真是不公平。」

母親：「上次她要妳送資料到某個地方時有發生什麼事嗎？」

莎拉：「我想我可能是在走廊上四處閒晃吧。」

母親：「妳認為老師對這種情形會有什麼感受呢？」

莎拉：「生氣吧。」

母親：「老師還可能會有其他什麼感受呢？」

莎拉：「我不知道。」

母親：「假如她有資料要送出去，在她的想法中，如果選妳去送，可能會發生什麼情況？」

莎拉：「東西就到不了啦。」

母親：「妳現在能夠怎麼跟她說呢？」

莎拉：「妳可以信任我。請讓我再試一次。」

母親：「很好的想法。就這麼辦，試試看這種方法。」

莎拉試了這一招，但老師還是不準備賦予莎拉這麼多的責任。她的母親於是又進行了以下這段對話。

母親：「我很高興妳去試了。再想想看妳還能說或做些什麼不一樣的事。」

莎拉：「下次她要求我去做某件事情時，我一定會去完成，而且絕不抱怨。」

這個問題並不會這麼快就能獲得解決，因為莎拉必須花一些時間才能重獲老師的信任。但對莎拉來說，被選為信差是很重要的一件事，而她也很努力，就像她後來對這件事的說法：「要讓老師以我為榮。」當她終於被選中時，她也確保自己表現出負責任的行為。這讓她又往社交與情緒能力的目標邁進了一大步。

尼可拉斯有一天回家時顯得很懊惱，因為老師大聲斥責他在課堂上嚼口香糖的行為。如果每個大人都能試著和孩子（包括學校中的孩子）進行對話將會是最理想的情形，但尼可拉斯的母親也告訴他：「不是每個人都是一個『我能解決問題的人』。即便是跟不會用『我能解決問題』技巧的人相處，你都必須使用自己的這種技巧。」

母親：「你認為她為什麼會有這種規定？」

尼可拉斯：「因為這種行為會干擾到她？」

母親：「這是一種可能的原因。你還能想出另一種理由

嗎？」

尼可拉斯：「那她就不得不讓每個人都這麼做了？」

母親：「假如每個人在同一時間都在嚼口香糖的話，會是什麼樣的情況？」

尼可拉斯：「是喔，我瞭解了。」

母親：「如果你嚼口香糖而其他人不能的話，公平嗎？」

這段簡短的對話幫助尼可拉斯瞭解這種規定是有道理的，也從而意識到如果嚼口香糖的行為被允許的話會發生什麼樣的後果。

唐娜最近發現的自信心以及莎拉才剛上手的問題解決技巧，也許乍看之下都像是出現得相當突然。其實並非如此。這兩個女孩都練習了四個月的時間才學會目前為止所介紹的「我能解決問題」技巧。但她們還將必須學習另外一種問題解決技巧──如何預先計劃並體認一個道理：有時必須投入時間才能達成目標。

總 結

・利用以下方法幫助孩子培養同理心：

1. 鼓勵他在思考時跳脫顯而易見的「外在」後果（譬如，被禁足或是一個星期沒有零用錢）。

2. 指引他去考慮自己做的事或說的話對別人可能造成的影響，包括身體（「我讓他受傷了嗎」）與心理（「我傷害到他的感受了嗎」）方面。

3. 問他假如他傷害到某個人的身體或是心理，他內心
　 會有什麼感受。

- 幫助孩子去思考，除了她和其他人的感受外，她做的
　 事或說的話還可能產生什麼樣的後果——包括正面和
　 負面的後果。
- 要求孩子根據可能產生的後果來評估自己想出的辦法
　 是否可行。假如他的想法不可行，要求他再去想出另
　 一個不同的辦法來解決問題。
- 當你藉由將說明轉變成問題來讓孩子自行解決問題
　 時，你就向孩子發送了一個重要的訊息：我信任你能
　 出優異的決定，而且我也尊重你對這些事情的想法及
　 感受。

今天「我能解決問題」了嗎？

我遇到的問題是：_____

涉及到哪些人？_____以及 _____

在問題獲得解決以前，我覺得_____以及
_____

其他人可能會覺得 _____以及 _____

我的解決辦法是：_____

接下來會發生甚麼事（後果）：_____

問題解決了嗎？_____

假如問題沒解決，我還可以說或做的其他五件事是：

   1.

   2.

   3.

   4.

   5.

哪一個可能是以上所有解決辦法中最好的一個？

這個辦法為甚麼是最好的？

下次遇到問題時，我可能會考慮哪些事：

‖ 第八章 ‖

我有什麼計劃？

能對自己的生活保有控制權的孩子將不會讓生活控制他們。

　　人與人之間的許多問題都能以單一辦法加以解決。假如孩子無法自行依照指示來製作一艘模型船，他可能會「找人幫忙」，而假如這也行不通的話，他可能會嘗試一種新的方法，譬如：「解釋他為什麼需要幫忙。」希望結交新朋友的孩子可能會想出一大串彼此毫無關聯的單一方案，譬如：「去拜訪隔壁的男孩」、「辦個派對」或是「到學校去找他們」。在第六章中，莎拉就瞭解了，直接向瓊安要求借螢光筆和恐嚇她比起來，前者更能得到令人滿意的結果，因為第一種解決方式可能造成的痛苦將會少許多。

　　但有時候解決人與人之間的問題並沒有那麼簡單。有時還需要更複雜的技巧，我們稱之為「從手段到目的」的思考方式，或是按次序規劃。在大約八歲時，這種技巧就會開始將較有技巧的問題解決者與技巧較差者區隔開來。孩子需要各種不同的技巧組合才能從容地按次序規劃。具體而言，他們必須能夠思考：

- 我必須採行哪些步驟才能達到我的目標？我要先做甚麼、接下來做什麼等？
- 哪些障礙可能會阻擋我，讓我無法往目標邁進？
- 如果目的無法克服，我有一個比較符合實際的變通辦

法嗎？

・何時是嘗試計劃的最佳時機？

・完成計劃需要多少時間？

　　舉例來說，如果想結交新朋友，善於按次序規劃的孩子可能就會採取一種比較複雜的思考程序，而不會一次只專注在一種單一的情況。以九歲的羅倫為例，她就不會去苦思「她應該送她某件東西」，接著又想出另一種單一的新辦法，譬如：「辦一場派對」，她反而是想出一些連續性的活動。而這些活動包括一個可能的障礙：「她不喜歡我送她的東西。」於是她想出一個避開這種障礙的方法：「我可以找出她喜歡什麼。」接著又決定做這件事的適當時機：「我要在她生日時買來送她。」

　　換句話說，如果想要制定一套次序性計劃，孩子必須有能力將自己的計劃付諸行動，並認清解決問題的過程不一定都能一帆風順，還必須評估自己採取行動的時機。比起變通性的解決方法——只要求確認單一種類的方案，按次序規劃更加困難。

🔒 建立次序規劃所需的技巧

　　想掌握次序性計劃，其實只需幾個步驟，但首先必須幫助孩子決定他的真正目標。譬如：假設他的目標是去幫當天晚上的派對買糖果，孩子就必須專注於準時為派對取得糖果，而不只是拿到糖果而已。他還必須預測出任何可能造成干擾的障礙，並防止其發生。假如孩子等到當天快結束時才去購物，他就有可能冒著抵達商店時已經打烊的風險。如果發生這種情

況，他將不得不改變計劃，結果變成可能需要跑到另一家還在營業但距離很遙遠的商店去。這樣他還能準時辦成這場派對嗎？

由於次序性計劃的複雜性，第一次說明這項練習來幫助孩子學習這種技巧時，如果能將這種規劃方式分割成許多獨立的部分，將更能有助於孩子理解。

🔑 邁向目標的步驟

你在一開始可以先舉出一則非常簡單的實例來幫助孩子思考次序性步驟。你可以說：「貝琳達希望擁有一座花園。那她必須做的第一件事是什麼？」一個孩子建議她必須播種，於是母親問她：「在那之前，她還必須做什麼？第一步是什麼？」孩子回答：「她必須購買種子。」「好的，」母親說：「首先她必須買種子，接著再播種。接下來呢？第三步呢？」讓孩子自己想出一個目標，並告訴妳第一步、第二步等。你可以利用這項練習來進行其他方面的思考；譬如：你可以詢問在貝琳達購買種子之前她還必須做什麼，以及她將從哪裡獲得這筆錢。

這項練習可幫助孩子事先預計在達成任何目標的過程中需要多少步驟。

🔑 過程中可能會出現什麼障礙？

孩子也必須瞭解，即便是考慮最周到的計劃也會遭遇意想不到的障礙。計劃周詳者瞭解如何移除障礙或是繞過障礙向前邁進。你可以用有趣的方式來幫助孩子思考可能妨礙他達成計劃的障礙。譬如：你可以藉由進行「我想要，但是……」的遊戲來介紹一些可笑或是不可能實現的情況。你可以說：

- 我想要從紐約搭車前往倫敦，但是……
- 我想要爬山，但是……
- 亞歷山大‧葛拉漢‧貝爾想告訴比爾‧蓋茲他是如何發明電話的，但是……
- 我想成為下一個麥可‧喬登，但是……
- 當我去法國時，我想好好看場電影，但是……
- 我想和「新好男孩」一起合唱，但是……

以上這些例子中有一些會出現好幾種可能的障礙，譬如：太矮了以致於不可能成為下一位麥可‧喬登，或因為天賦不足。我沒辦法和「新好男孩」一起唱歌，因為我患了喉頭炎，或者因為我是女生。我沒辦法爬山，因為我沒準備繩子，或因為我很害怕。你的孩子說什麼都不要緊，重點是他必須說出阻礙目標達成的合理障礙。也可以讓孩子自己舉出一些例子。

行動的時機

大部份的孩子很愛玩「適當時機或不適當時機」的遊戲來學習思考採取行動的時機。在八歲前，孩子就能夠開始思考某種行動的時機是屬於更大規模計劃的一部分，譬如：在某個時機採取行動才能符合某種連續性步驟，並有助於避開可能的障礙。就像羅倫建議的，等朋友生日時再送她某件東西就屬於某種較大計劃的一部分。

你在一開始可以提供一些有趣，甚至極為可笑的有關不適當時機的實例，將這些例子和適當時機的實例混在一起。你可以問孩子：「告訴我，這些人行動的時間是不是適當時機。」

- 蘿莉要求姊姊借她毛衣——就在她打破姊姊心愛的琉璃馬之後。
- 喬治懇求爸爸和他一起玩投籃——就在爸爸才剛跌斷腿之後。
- 喬琳問老師一些事情——就在老師剛在門口和別人結束談話之後。
- 拉夢娜要求哥哥幫她做自己的家庭作業——此時他正從飛機上乘著降落傘跳出來。
- 佛瑞德告訴爸爸，他想要一台新相機——就在他生日的一星期前。
- 費絲的詩作得獎了，她打電話告訴朋友這件事——在清晨四點。
- 吉兒將鉛筆放下——在老師宣佈測驗結束時。
- 路克向朋友求援——就在朋友被老師痛罵一頓之後。
- 蜜雪兒將電腦關機——在母親通知大家吃晚餐後的十分鐘。
- 羅素向隊友投擲了一顆球——就在教練喊：「開始練習」之後。
- 瑪莉安在課堂上大聲說出某一道問題的答案——就在老師指名另一個人回答之後。

　　讓孩子自己舉出一些可笑及不可笑的實例。要求她穿插一些一般人在適當時機和不適當時機時會做的事。譬如：唐娜被要求想出一個貝琳達去花園澆水的不適當時機，她就說：「在植物都已經死光之後。」接著她又補充：「而適當時機是在植物還沒乾枯及死亡之前。」不久之後，這項練習在真實生活中也對唐娜幫上了忙。由於她的一項美術作業需要人幫

忙，她於是向母親求助——但卻在母親發現朋友過逝而覺得很傷心時跑去找她。當母親沒有理會她時，唐娜能夠體會母親心裡的難過，於是耐心等候她的心情平復。

這項遊戲也對莎拉的真實生活有幫助。她看到兩個朋友在下西洋棋，她也想加入。以往她會在別人下到一半時就硬生生的闖入。現在，她會制止自己表現出一副「我等不及」的模樣，反而會暫時在旁觀看，並耐心等候對方的棋局結束後，再詢問對方自己能否加入。

考慮適當時機並非易事。我自己就曾經差點犯了類似的錯誤。就在不久前，我希望找某一位朋友打網球，於是一看到她，我就急忙要求她跟我一起打。雖然我也看到她從網球場走出來，所以知道她也才剛打完，我卻沒認真留意到，她其實又熱又累。當她說：「不，謝啦。」我還差點就因此推斷，她其實並不想跟我對打。不過，我瞭解自己選了一個不適當的時機來邀請她，這種領悟也讓我不致妄下錯誤的假設。

🔑 這件事需要多久時間呢？

在計劃達成某種目標的步驟時，我們必須體認一件事，當我們想要某種東西時並不一定立刻就能得償所願。我們很少在見過某個人之後、或甚至在第一次見面一起從事某種活動（像是喝了杯咖啡）之後，就認定我們已經是朋友了。交朋友需要時間（有時還需要很長的時間）。能夠用不衝動的方式思考並花時間體會很多事的孩子，他們的行為表現方式將比較不會急就章。他們在計劃時會考慮一項事實，如果他們想達成自己的目標，有可能必須花一段時間。舉例來說，尼可拉斯就創造出一個虛構人物：想參加旅行足球隊的史都華。他描述史都華每天都保留一小時進行練習，三個月後，他的程度就足以加

入這種隊伍了。這個例子適切地說明了一個在真實生活中不會衝動行事的小孩不急就章的思考方式。

考慮時間和時機的能力極為重要。研究結果指出，會衝動行事的孩子和不會衝動行事的孩子比起來，前者認定的事情發生時間可能比後者快。換句話說，他們對於達成某種目標所需的時間有較不切實際的瞭解。比方說，莎拉在決定新衣服可能有助於她交新朋友的第二天，就認為自己需要全新的衣著打扮。也許她還認定，她只需穿著她的新衣服出現在校園中，她的同學就會對她留下良好的印象，並立刻對她另眼相看。唐娜這方面也認為，從一顆種子長成一株植物只需幾天的時間。也難怪像唐娜和莎拉這類的孩子都比較可能等到最後一天才慌張地開始做一個需要兩星期才能完成的學校作業，而此時也才驚覺自己根本沒辦法及時完成。

從八歲開始，大部分的孩子就能夠瞭解一種概念：我們必須透過一系列步驟才能往目標邁進，而在過程中可能會出現障礙，以及在要求自己想要的東西時有適當和不適當的時機。但孩子卻經常必須到十歲時才能對某件事可能需要的時間有切合實際的想法。對於八、九歲的孩子而言，他們沒有能力去思考時間的推移會影響達成的效果，而只能專注在眼前的其他次序性計劃元素。

綜合思考

我輔導過的父母在一開始都會使用以下這則故事來幫助自己的孩子制定次序性計劃。他們會告訴孩子：「今年學校決定每個班級都將有一位班代表，而安卓希望班上同學能選她。這個故事的結局是安卓被選為班代表了。現在這個故事有

頭有尾，但卻缺乏其中的過程。你必須補充中間的情節。我希望看到其中發生的每件事，就像電影情節一樣。我不希望遺漏任何一件事。你的故事也必須包含達成目標的步驟以及至少一個阻礙目標的障礙，並且要說出你認為實行一個步驟或是達成一個目標可能需要的時間。假如可以的話，再穿插一個實行某一個步驟的適當時機。」

以有條理的方式說明「步驟」這個名詞幫助莎拉瞭解了這項全新的技巧。她的故事內容如下：

老師說：「我需要一位新的班代表。」而安卓和波莉都非常渴望能得到這份工作。當進行投票時，班上半數同學選了安卓，而另外半數則選了波莉。兩人不分上下。

步驟一：每個女孩發表一篇演說。安卓告訴每個人，假如他們選她的話，她會給他們許多承諾。但大家都不相信她。

步驟二：她希望和班上最受歡迎的女生蒂娜談一談，因為蒂娜可以要求朋友投票給她。但蒂娜生病了。

步驟三：因此安卓又上台再次發表演說，而全班同學也熱烈地鼓掌，她說：「還有一點，假如你們遇到問題的話，我可以幫你們解決。」波莉無法和她競爭。於是全班選安卓擔任新的班代表。

儘管莎拉並沒有明確地說出「障礙」這個名詞，她還是有考慮到幾種障礙。她一開始時先揭露了一個障礙──投票。她計劃的第一步是讓安卓告訴全班同學，她將會「給他們許多承諾」。但她也體認到這個步驟有一個可能的障礙──「大家都不相信她。」莎拉於是不得不改變自己的策略。

她的下一步——安卓希望班上最受歡迎的女生蒂娜能夠幫她拉票，卻也遭遇障礙——蒂娜生病了。安卓於是繞過這個障礙，並增加另一種誘因——提議要幫同學解決問題。莎拉並沒有賦予波莉任何策略，讓她因此佔了下風，這也是安卓能夠被選為班代表的原因。

　　由於莎拉並沒有加入時間或是時機的元素，她的母親於是又增加了一道問題：「妳認為安卓花了多久時間才制定出自己的計劃？」莎拉思索了一會兒，然後說：「她花了兩小時的時間才寫出她的演說稿。」

　　莎拉在父母開始使用「我能解決問題」之前都習慣較衝動的思考方式，而現在她有了大幅的轉變。

　　唐娜在進行這項練習時則遇到較大的困難。就像她在使用「我能解決問題」之前一樣，她仍然只專注在目標達成後發生的事情：

　　安卓告訴班上的小朋友，她很和善而且又喜歡大家，所以他們應該選她當班代表，於是他們就選她當班代表了，她開心極了，而且為了慶祝大家投票給她，還辦了一場小型派對。大家玩得很盡興，而安卓也非常快樂。

　　為了幫助唐娜專注在如何達成某一種目標，我要唐娜的母親問她：「當安卓決定自己希望被選為班代表時，她做的第一件事是什麼？」唐娜又複述了一遍，她告訴他們，她很和善而且又喜歡大家，所以他們應該選她。唐娜的母親於是問她：「我們一向都能這麼容易就滿足自己的希望嗎？當安卓這麼說的時候，她班上的小朋友可能會做什麼或說什麼呢？」

　　「很好呀。」唐娜回答。

　　「他們是有可能會說很好。他們還可能會說什麼呢？妳還記得我們練習過的『我想要，但是……』的遊戲嗎？我要

妳想出他們可能會出現的回答，而這種回答會讓她因此必須改變自己的計劃。」「他們可能會說：『可是，我們不喜歡妳。』」唐娜回答。「好的。那她接下來必須採取什麼步驟才能避開這種障礙呢？」「她可以問他們，為什麼不喜歡她，而他們可能會說是因為她很醜。」唐娜說。「接下來呢？」母親問道。「她可以讓自己變漂亮，之後他們就會喜歡她啦。」「她要如何才能辦到這點呢？」「她會梳理自己的頭髮。」

此時唐娜的母親決定不再追問有關安卓需要花多少時間才能被選為班代表了。她瞭解唐娜還不是非常適合進行這種思考方式，以現階段而言，光是看到女兒如此投入在自己的故事中，就足以讓她感到欣慰了。

當天晚上，唐娜決定在自己的日記中擴展這項計劃。她寫了有關安卓將存下自己的零用錢，以便能買新衣服讓自己變得更漂亮。她也加上另一個新步驟──安卓會說，她將歡迎任何人跟她一起玩。儘管唐娜可能尚未準備好在真實生活中制定這種計劃，這項練習對她仍然非常重要。在幫安卓制定計劃的過程中，她自己也進行了所有的思考及計劃。

現在就讓我們再回頭討論我在第一章描述過的，有關一個虛構人物安妮塔如何交朋友的故事。莎拉在一開始敘述的內容只包括一個步驟──邀請大家一起玩飛盤。其餘內容則跟他們成為朋友後的事情有關。以下則是她在瞭解了次序性步驟的重要性之後重述的故事內容：

安妮塔可能會在學校送其他小朋友一些小禮物，但此舉並未為她贏得任何朋友。一天，她乾脆直接去問其中一個小朋友：「妳為什麼不願意當我的朋友呢？我都已經為妳做這麼多事情了啊。」這個小女孩告訴她，她知道

她只是企圖收買她，而其他小朋友也都在她背後議論她
這種行為。接下來有一天，她注意到其中一位小女孩在
做功課時遇到了問題，於是她主動前去協助。一星期之
後，這個小女孩考試成績得了滿分。她好感激安妮塔，
也因此跟她變成了好朋友。

在第一個版本中，莎拉直接就達成了目標，完全沒考慮
阻礙或時間。而現在莎拉已經學會制定計劃了。當她故事中的
主人翁遭遇第一種阻礙時，她也有能力改變自己的計劃。雖然
莎拉確實並未達到結交一個以上朋友的目標，但她制定了一個
計劃，並將次序性計劃中其中三種技巧都納入其中。

　　唐娜在她第一個有關安妮塔的故事中敘述的唯一步驟
是安妮塔將自己介紹給其他人，而且也遭遇了阻礙，因為有一
個女孩說：「我不喜歡妳」——但她改變心意的速度彷彿是變
魔術一般，完全不受安妮塔遭遇的干擾。
　　像莎拉一樣，唐娜的新故事也相當不同。

安妮塔前往鄰居家，而這家人的十一歲女兒前來應門。
「嗨，我叫安妮塔，我才剛搬來，妳想一起玩嗎？」
鄰居家的女孩說：「我已經有朋友了，謝謝妳，」就關
上了門。安妮塔只好離開，而且也不想去交新朋友了。
第二天她上學時，老師將她介紹給了全班。每個人看起
來都像是沒將她放在眼裡。
一天，她站在她家附近的一條小河旁正試圖撿東西時，
忽然聽到有人在喊：「救命，救命啊！」她跑到發出求
救聲的地方，她看到之前跟她說自己已經有朋友的那個
小女孩。她掉入了河裡，而且不會游泳。因此安妮塔趕

緊跑過去，並跳入河中將小女孩拉上了岸。落水女孩的朋友也全都在場，但卻因為驚嚇過度而不知該如何是好。安妮塔問她是否沒事，女孩說：「是的，妳救了我的命。」她為之前對她不友善的行為向她致歉，而安妮塔說：「沒關係。妳現在還想和我做朋友嗎？」

小女孩說：「是的，當然，」而她的其他朋友現在都覺得她很了不起，她也因此變得非常受歡迎。

唐娜在這個版本的故事中認清了自己的要求會遭遇的一種阻礙，而就像唐娜在真實生活中的典型反應一樣，她一開始是描述安妮放棄了這種努力。但這個女孩也能確認出與團體之間可能的聯結方式，並等候機會，以便採取一個積極的步驟。長期而言，這種次序性計劃也幫助她達成了她的目標。

現在這幾位「我能解決問題」的孩子如果在現實生活中遭遇問題時，就有一種全新的技巧可以運用了。

🔒 現實生活

唐娜的母親就以虛構的情況來幫助女兒，讓她利用自己剛學到的按次序規劃的技巧去克服在下課時間主動找同學玩的恐懼感。

母親：「告訴我，當其他小朋友在操場上玩跳繩時，妳心裡有什麼感受？」

唐娜：「我也想一起跳。」

母親：「那接著妳會怎麼做呢？」

唐娜：「我會看他們玩。」

母親：「然後呢？」

唐娜：「沒啊。我就是看他們玩。」

母親：「妳希望有什麼結果呢？」

唐娜：「我希望他們會邀請我一起跳。」

母親：「妳必須做什麼他們才有可能會邀請妳一起玩呢？」

唐娜：「我可以要求他們，不過他們可能會拒絕我。」

（此時，唐娜說出了心中對遭到拒絕的恐懼。）

母親：「好的。這是一種可能的障礙。還記得我們玩過的「我想要，但是……」的遊戲嗎？妳想去問他們，但是又很害怕會遭到拒絕。那妳接下來還能怎麼做呢？妳下一個步驟將會是什麼？」

唐娜：「我不知道。」

母親：「妳喜歡做什麼？」

唐娜：（想起自己極具創意的薑餅人）「我喜歡製作趣味性的餅乾。」

母親：「妳能如何利用這點來解決妳的問題呢？」

唐娜：「我可以告訴其中一個小朋友我的嗜好，並問她是否想跟我一起製作趣味餅乾。」

母親：「那進行這件事的適當時機是什麼時候呢？」

唐娜：「午餐時。當她肚子餓的時候。」

母親：「妳現在對這件事考慮得非常好。現在再想像一下，假如妳開口了，而對方說不的話，妳接下來還必須做什麼或說什麼才能讓妳們最後還是能夠一起製作趣味餅乾。」

唐娜：「我可以先在家做好餅乾，然後拿給她看。」

唐娜得意地實行自己的策略，而其中有一個女孩果然表示有興趣和她一起製作餅乾。雖然有了這層關係，但唐娜還是很害怕在下課時間接近玩跳繩的那群小朋友。她的母親也再度利用「我能解決問題」的方法給予唐娜暗示，不過卻不告訴她該怎麼做。

> 母親：「既然妳跟芮塔變得更熟了，而她也在下課時間
> 　　　玩跳繩，妳接下來該怎麼做才能讓自己能夠和她及
> 　　　其他女孩一起玩跳繩呢？」
> 唐娜：「我可以詢問芮塔我是否能和他們一起玩跳繩。
> 　　　假如她告訴她們讓我玩的話，她們會答應的。」
> 母親：「好的，那什麼時候才是去問她的適當時機
> 　　　呢？」
> 唐娜：「當我們一起製作趣味餅乾時。」
> 母親：「這個想法很好。妳快變成一位非常優秀的問題
> 　　　解決者了。」

　　這就是唐娜採取的方式。由於她已經習慣只跟一個女孩打交道的情況，她於是要求芮塔去問其他女孩是否能讓她一起玩。最後，她也覺得自己已經能夠更自在地採取主動來加入其他同儕了。如果母親在一開始就給了她相同建議，那麼原本能夠自己想出來並達成目標的唐娜，可能永遠都不會去嘗試了。

　　按次序規劃的技巧對那些遲遲不願去做功課的孩子也能發揮極好的功效。雖然尼可拉斯是個好學生，他卻經常將下午時光花在和朋友一起玩以及參加課外活動上。由於他經常快到睡覺時間時功課都還沒寫完，尼可拉斯的父母因此試圖向他說

明他應該早一點寫功課的原因，也建議了一些如何規劃時間的方法，並將他上網及看電視的時間限制為半小時，但問題還是沒有獲得解決。尼可拉斯的按次序規劃的技巧很優異，但此時他卻沒有善用這種技巧。這是他的父母幫助他解決功課危機的好機會。

母親：「我希望你去思考，如何規劃自己的時間才能讓每一件事都完成，包括你的功課在內。」

尼可拉斯：「我在放學後必須參加曲棍球練習，而且我在四點就回到家了。」

母親：「那你回家後第一件事會做什麼？」

尼可拉斯：「我會先做數學作業，因為這是最困難的。」

母親：「你認為那會花多久時間？」

尼可拉斯：「大概四十分鐘吧。」

母親：「好的。那就會到四點四十分囉。晚餐是六點鐘。你接著又會做什麼呢？」

尼可拉斯：「我必須在星期三交我的音樂作業。今天是星期一。我今天會先做一半，明天再做另一半。假如我做到五點三十的話，我還可以和老爸玩半小時的曲棍球。」

母親：「很好，晚餐大約需要一個小時。吃完就七點鐘了。你接下來又會做什麼呢？」

尼可拉斯：「我會彈鋼琴，練到大約七點半。我可能會看電視或是上網跟朋友聊天到八點半，然後寫我的科學作業寫到九點。我接著就會洗個澡，然後上床。也許我還會花幾分鐘看一下我的推理小

說，接著就會睡著了。」

母親：「這是很棒的計劃。你考慮得非常仔細。現在，
你還必須考慮一件事。萬一在你做功課時，有朋
友打電話來要你去他家的話，你該怎麼辦呢？」

尼可拉斯：「我們可以一起做功課啊。要不然，也許我
們也可以玩一下，我可以晚一點再寫我的音樂作
業，如果是這樣，我就不看電視了。」

　　尼可拉斯的母親提出了有關朋友打電話來的可能性，因
為她希望他能想清楚所有潛在的障礙，不過她也等到他完成
了，你可能在想，這種規劃方式過於瑣碎，也太麻煩了。事實
上，過一陣子之後，尼可拉斯就不必再這麼巨細靡遺地規劃
他一天的時間表了。但在一開始時這麼做卻是一種很好的方
式，因為如果面臨待完成的事情太多時，這種方式可減輕他心
裡的壓力。一旦他將計劃安排好之後，他就能專心做他的數學
作業，而不致於在寫功課的同時又擔心音樂作業沒寫完，因為
他知道自己的時間表也分配有寫音樂作業的時間。此外，他並
沒有試圖在一天之內將音樂作業寫完，而是將功課分成兩天來
完成。現在尼可拉斯已經能夠控制自己的時間，而不會再因為
時間不夠而焦頭爛額了。而且和父母之間為了他何時做功課而
產生的爭論也獲得平息。

　　規劃我的時間讓我在面臨壓力時不致於感到慌張。在我
開始實行次序性計劃前，我有時會覺得要處理的事好多，讓我
覺得不知所措，要不然就是來回奔波在不同的工作上，結果一
天過去了，我什麼工作也沒完成。現在，我不再煩惱我在同
一時間必須完成的每件事，反而會挑一件事晚點再做，暫時先
不去管它，而專心致力於手邊的工作。由於我擬定了自己的時

間表，並將每一件我想在當天完成的工作納入其中，因此我不必再去擔心每一件事，當我處理其他的事情時，心裡也不會感到忐忑不安。而且當我上床時，我也瞭解自己已經盡力而為了。假如我還是沒辦法完成每一件事，我也能據此推斷，我在一天之內必須完成的事已經超出我有可能辦到的範圍，或是我有必要重新思考我的計劃，並為第二天安排新的優先次序。

就像尼可拉斯一樣，莎拉也無法提早開始寫功課，所以總是到了睡覺時間才能完成。尤其在她訂定實際可行的計劃來完成自己的長期報告（譬如：兩週內交的讀書報告）方面有困難。在使用「我能解決問題」之前，莎拉對於父親要她開始寫作業以及如果不做功課會導致成績低落的規勸都置之不理。她的母親則習慣對她實施高壓管教方式，因此會對她說些類似這樣的話：「我早就告訴妳啦。妳什麼時候才能學乖，而不會再等到最後一刻才去做每件事！」如果說什麼都無法奏效時，她就會變得愈來愈生氣，甚至更霸道，她會要求莎拉在某一天該讀什麼書以及在三天前就將報告的初稿寫好。當然，這種方法是一點用也沒有。一天，莎拉乾脆直接打斷母親的說教並且告訴她：「不要再告訴我該怎麼做了！我要**照自己的方式**！」莎拉已經夠大了，因此足以理解想完成多少事情需要多少時間，而她也很厭惡被叮囑每一件她該完成的事。她覺得自己的母親彷彿想掌控她的作息，這種做法只會讓她覺得更抗拒，也更不能接受她的建議。

雖然莎拉希望用自己的方式來完成自己的作業，但她卻沒有辦到這點的規劃技巧，以致於還是繼續延遲寫功課的時間，結果到最後還是來不及完成。過去她的父母曾經訂出一些家規，譬如：「功課寫完以前不准上網及看電視」。莎拉總會抗拒這些規定，她會大叫：「這不公平」還會做鬼臉。現在他

們準備要用「問題解決法」來協助莎拉培養按次序規劃的技巧。到目前為止，莎拉已經很習慣如果在第一時間無法回應時就將父母關在房門外。

母親：「妳有多少功課要做？」

莎拉：「不是很多。」

母親：「妳想妳要花多少時間才能寫完？」

莎拉：「我不知道。」

母親：「讓我看一下妳今天的作業。也許我能幫妳想想該怎麼做。」

莎拉：「我在校車上已經做一些了。」

莎拉的父母不輕言放棄。由於他們看過女兒在其他方面發生過極大的轉變，因此有信心她對進行規劃的抗拒感早晚也會消失。幾個月之後，莎拉和她父母對這種方法比較熟練了，他們之間的談話變成類似以下的情形：

父親：「妳的報告什麼時候要交啊？」

莎拉：「下星期四。」

父親：「妳必須做的第一件事是什麼？」

莎拉：「寫我的報告。」

父親：「在那之前，妳必須做什麼事呢？」

莎拉：「讀我的書。」

父親：「妳想妳要花多久時間才能讀完呢？」

莎拉：「我不知道。我會每天讀一點，直到全部讀完為止。」

父親：「那接下來妳必須做什麼呢？」

莎拉：「寫我的報告。」

父親：「妳必須什麼時候開始寫才能在下星期四之前寫
　　　完呢？」

莎拉：「也許是星期二吧？」

父親：「規劃得很好。妳不會再等到最後一刻才開始寫
　　　妳的報告了。」

　　莎拉現在對自己的計劃覺得很自豪，她不會再因為聽母
親的激將法而感到憤怒和氣餒了。由於這是莎拉第一次談到想
提前開始一項計劃，她的父親因此也就暫且不去提有關障礙或
是時間的問題。

　　十一歲的伊凡有一個關於歷史的長期報告，由於他在家
無法上網，因此他必須到圖書館去收集資料。為了做好計劃，
他利用了他的按次序規劃的技巧，考慮了可能會出現的障礙以
及必要的時間（要花多久時間）及時機（展開每個階段的適
當時機）。他的計劃包括預定做功課及練習足球（每週一、
三、五的下午三點至五點）的時間。在老師指定作業的第一天
，他在母親的協助下對他必須做的事列出了一個大綱。

母親：「你的報告什麼時候要交呢？」

伊凡：「一星期內。」

母親：「你必須做什麼才能完成你的報告？」

伊凡：「我必須將書看完，到圖書館做些研究，然後才
　　　能寫報告。」

母親：「好的。在你的時間表上寫下你將做這些事情的
　　　時間。」

伊凡：「我將在星期一、二、三吃過晚餐後看書。然後

在星期四放學後去圖書館。」

母親：「你認為在圖書館找到你需要的資料要花多久時間？」

伊凡：「一、兩個小時吧。」

母親：「你在星期四必須幾點去圖書館才能趕得及回家吃晚餐呢？」

伊凡：「放學後馬上去。」

母親：「那你將在哪一天著手寫你的報告呢？」

伊凡：「星期天晚上。」

母親：「你必須如何預先規劃才能應付萬一到最後才發現還需要更多時間的窘境？」

伊凡：（驕傲地回答）「我最好多留一點寫報告的時間，以備不時之需，如此一來，我就不必在交報告前一晚還要熬夜了。」

母親：「很好的想法，伊凡。當你像這樣做好自己的計劃時，你有什麼樣的感受呢？」

伊凡：「很有成就感。」

　　這個計劃遠比莎拉想出的計劃要複雜許多。伊凡考慮到了如何在不影響其他活動（足球練習）的情況下來規劃自己的時間，也加入了更多步驟，譬如：去圖書館，並回答了他母親有關他是否預留足夠的時間來完成作業的問題。

　　儘管如此，莎拉也算是有了長足的進步，而不會再像過去一樣將每件事都拖到最後一刻才去做。她現在能夠準時完成一些工作了。而她的母親也發現，使用「問題解決法」，而不再說一些類似「我早就告訴妳啦，妳什麼時候才會學乖，不再等到最後一刻才去做每件事。」的話，更容易讓莎拉去思

考。

　　到了十一、二歲，有些孩子就會被指派更複雜、包含許多部份的作業，許多老師會事先將這些作業分解成較小的部分。舉例來說，有一位接受過「我能解決問題」訓練的十二歲孩子馬丁就被指派一個任務：規劃一趟到一九九八年冬季奧運會場地──日本長野的旅遊。在短短三個星期內，他就必須規劃出一個中途只停留兩站的旅遊行程，製作一張將費城到長野之間所有停留地點連結在一起的地圖，整理出一份旅遊預算，選擇一項要參觀的運動競賽，還必須報告他選擇的運動項目。老師建議了每部分報告的繳交日期。由於有「我能解決問題」的訓練當他的後盾，再加上父親的協助，馬丁因此能夠利用次序性計劃技巧對這項作業的每一部分都投入二或三天的時間，同時還留有餘裕讓他也能夠完成其他的功課及活動。

　　他班上的一個女孩貝姬就對自己的「我能解決問題」技巧極有自信，因此她自己規劃完成的時間表，而沒有聽從老師的建議。這個女孩知道自己最喜歡的是寫有關花式溜冰的報導，因此決定先做這部分。「這樣我才能順利完成其餘的報告。」她解釋自己的做法。

　　對於孩子的計劃，細節並不那麼重要。有些孩子做功課時會從最難的部分著手，就像尼可拉斯一樣，有些則會從最容易或最喜歡的部分下手，像是前面提到的貝姬就是這樣。重要的是他們做了計劃，而且是屬於他們自己的計劃，以及計劃內容符合實際並有可能實行。當你的孩子制定出屬於自己的計劃時，她會覺得比較有主控感，而較少壓力，你的壓力相對也會少許多。

　　芭芭拉‧麥康伯告訴我們，大部分的孩子在進入青春期以前都還無法完全自動自發。我的同事喬治‧史匹瓦克也發

現，孩子在進入青春期時，即有能力在完全獨立的情況下，制定出複雜的次序性計劃。以上這些「我能解決問題」的孩子則在父母的協助下，在培養這種技巧方面已經達到了重要的階段，這種情況將可幫助他們，讓他們在真的進入更混亂的青少年時期時，有能力在必要時做出許多新的決定。

總　結

　　幫助孩子定出目標，讓他能夠明確瞭解自己努力的方向。幫助孩子發展出一個次序性計劃，內容包括：

- 將採取的第一個或前面幾個步驟
- 這些步驟可能需要的時間
- 實行這些步驟的最佳時機
- 可能干擾目標的事物（障礙）
- 如有必要的話，能夠如何改變計劃

　　無論你的目標是有關人際關係（交朋友）、或任務導向（完成作業），有時都有可能需要改變（如果目標變得不可能達成）。如果你的孩子已經制定出一個可行的計劃，卻仍然無法達成他的目標，就不妨幫他找出一個更能達成的新目標。

我們現在將探討這幾位「我能解決問題」的孩子，如何學會將他們已經被教導的技巧，以一種自己或是父母想像不到的方式結合在一起。

‖ 第九章 ‖

進階的「我能解決問題」： 整合不同的技巧

假如減緩情緒緊張能有助於我們正確地思考，
則正確思考的能力也能有助於減緩我們的情緒緊張。

　　到目前為止，我們已經探討過利用特定的「我能解決問題」技巧來改變孩子思考及舉止的方式。為了強調每種技巧發揮作用及激勵孩子行為的方式，我們討論過每種技巧的獨立功效。現在該是將所有的技巧組合在一起的時候了。

　　我們在本章將探討如何將各種「我能解決問題」的技巧結合在一起，我們會先試著結合兩種，接著再一次三種，希望能有助於孩子解決他們所面臨的問題。

🔒 虛構的情況

🔑 關於友誼

　　如同我們在前面幾個章節中討論過的，對這個年齡的孩子來說，爭取同儕的友誼顯得尤其重要。孩子如果能將**思考其他人的感受**的技巧及自己制定**次序性計劃**的能力結合在一起，經常能和朋友相處得更愉快。為了鼓勵孩子將這兩種技巧結合在一起使用，這幾位「我能解決問題」的父母要求孩子想出一則新故事來描述有關以這兩種技巧結交朋友的過程。

於是尼可拉斯說了以下這個有關兩個同班同學的故事：

保羅很氣羅納，因為羅納並沒有遵守諾言將一個他答應借保羅的影片帶到學校來。羅納也很擔心，因為他很希望成為保羅的朋友。他很想跟保羅講清楚，但看到保羅氣成這樣，不曉得對他會有什麼反應。因此他等到保羅冷靜下來後再去問他是否願意到他家一起看這個影片。保羅去了羅納家，而且兩人還因此有機會進一步認識對方，並真的變成了好朋友。

尼可拉斯瞭解故事中兩個主人翁的感受，並將這些感受融入羅納的計劃中，進而解決了他的問題。羅納希望「講清楚」，但又預見一個障礙——「看到保羅氣成這樣不曉得對他會有什麼反應」。於是他將採取第一個步驟：和保羅談話的時間延後至更適當的時機。在等到保羅「冷靜下來」之後，羅納又邁向他的下一步計劃：邀請保羅到他家，讓彼此有機會進一步認識對方。

唐娜則很驕傲地在她的日記本中寫下她的新故事：有關被拒絕後再重新贏回友誼的故事。

羅珊若有所思地凝視著她最好的朋友娜塔莉和娜塔莉的新朋友安瑪莉。自從娜塔莉在這學期一開學時認識安瑪莉之後，她們就一直玩在一起，完全忽略了羅珊。雖然很不情願，但羅珊還是穿過人群，走向娜塔莉和安瑪莉，試圖想引起她們的注意。她的嘗試並不成功。娜塔莉和安瑪莉繼續玩她們的捉人遊戲。「嗨，兩位啊。」她喊著：「我能一起玩嗎？」她們壓根沒聽到她說的

話。她再度喊她們，這次將音量提高一些。終於她們注意到她了，也允許她一起加入。但沒什麼用處。她們只會追趕彼此，彷彿她並不存在似的。羅珊嘆了口氣，然後離開了。

當娜塔莉終於停下她的捉人遊戲時，她注意到羅珊已經離開了。她想起羅珊怪異的舉止，彷彿受到冷落一般。她也想起當自己另一個朋友找到別的玩伴時，自己也曾經出現過受傷害及被冷落的感覺。她瞭解這必然是羅珊的感受。

當娜塔莉回到家之後，她邀請安瑪莉和羅珊一起到她家吃晚餐，但並沒有事先告知對方另一人也將在場。她認為，如果這兩個女孩有機會進一步認識彼此的話，她們也將成為好朋友。

當她們抵達她家之後，她們對於看到對方顯得有些吃驚，但也聊了開來，並發現彼此有許多共同點。

很快她們就聊得像老朋友一樣了。從此以後這三個女孩就相處得非常融洽，也變成最要好的朋友了。

唐娜以獨到的洞察力在她敘述的故事中融入人的感受。雖然她對於如何贏回老朋友或是結交新朋友方面的瞭解仍顯得有限，她卻已經掌握其他幾項「我能解決問題」的技巧。藉由娜塔莉的省思：「她也想起當自己另一個朋友找到別的玩伴時，自己也曾經出現過受傷害及被冷落的感覺⋯⋯」唐娜也描述了自己對**同理心**的最新理解。她已經有能力訂出**次序性計劃**了。

莎拉則決定再進一步闡述自己說過的有關競選學生主席的女孩的故事（參照第八章的內容）：

蘇珊到了她的新學校，並看到一張標語：「投票給卡拉・米勒當學生主席。」她決定自己也要參選。她到辦公室去詢問負責辦理選舉的人，然後去找老師並跟她說，自己也想競選學生主席。她拿到一份清單，上面有她必須進行的項目，而且她還必須寫一份演講稿，以便在選舉當天發表，以及製作一些標語，她回家後就做了五張標語，上面寫著：「投票支持蘇珊・湯姆士。」她帶著這些標語到學校，並將其中一張貼起來，此時卡拉・米勒向她走來，並說：「妳沒有勝算能擊敗我的。我是這裡最受歡迎的小孩。」蘇珊因此有些懊悔，並決定不再競選了，於是她去跟負責的老師說她想退選。但老師說服她不要退出。

在選舉前一晚，蘇珊非常緊張。她絞盡腦汁想將演講稿寫出來。她在學校認識的一個人打電話跟她說：「祝妳好運喔。我會投給妳的。」這句話給了她很大的信心，於是她在自己的演講稿中寫下，她希望讓學校有不同的面貌，並將採納建言，保證會去聽取每個人的建議。她說，每個人的想法都一樣重要，而她將傾聽每個人的想法。「我將為我們小朋友爭取權益。」她這麼補充。

當卡拉發表她的演說時，每個人都竊竊私語，而且還呵欠連連。她跟他們說自己有多受歡迎，以及她將幫酷小孩安排一張專屬桌子，也會幫書呆子安排一張專屬桌子。現場的書呆子可不認為這種想法很有趣，所以並不想投票給她。因此蘇珊贏得了選舉，而每個人也都喜歡她為他們爭取權益的方式，很快她就結交了許多朋友。

從莎拉的故事中可以看出，她對於當有人不去考慮其他人的需求或觀點時會發生的情況，具有真實而深入的理解。

對付霸凌

莎拉的母親很高興看到自己的女兒具有這種洞察力，也希望她能將這種能力應用在其他場合。由於她瞭解莎拉有時會脅迫其他孩子，於是她要求莎拉寫一則有關霸凌的故事，並希望故事中能出現一種以上她學到的「我能解決問題」的技巧。有趣的是，莎拉故事中的孩子對其他人造成的傷害遠比她曾經做過的更為嚴重：

> 在學期結束時，十一歲，就讀小五的安走出了學校大門，此時有五個同校同學出現在她面前——蘿倫、艾迪、卡羅琳、伊莉莎白以及比爾。他們素來被稱為五年級惡霸，而且他們常毆打或是作弄其他小孩。蘿倫給了安一個不懷好意的笑容。「喔，喔，喔，是安耶。我們正想找妳呢。」
>
> 安神情緊張地看著她，不過也提醒自己，如果他們試圖要毆打她或要她去打其他人的話，她很清楚自己應該採取的行動。蘿倫說：「我們要給妳一個挑戰。我們希望妳能幫我們教訓一下坎蒂·史密斯。」坎蒂·史密斯又瘦又矮，而且有點像書呆子。她在班上並不很受歡迎，但安很喜歡她。
>
> 「除非妳怕得不敢去。」艾迪說。
>
> 安提醒自己，有許多方式可讓他們打消行使暴力的念頭。她在腦海裡將各種方法復習了一遍。她想到：
>
> 第一步，必須客氣而堅定地告訴他們，她並不想對別人

行使暴力。「我不想對朋友動粗。」安告訴這幾個惡霸。這幾個惡霸學生取笑她，並嘲諷她是膽小鬼、懦夫。

第二步，應該想是不要說出防衛性的言論，也不要發脾氣。客氣地告訴他們，她認為他們這種想法是錯的，並問他們為什麼想去打一個從未對他們做過任何事的人。當她向他們提出這個問題時，伊莉莎白回答：「因為這樣很好玩啊。」

第三步，安認為應該告訴他們，這種事對其他人可不好玩，而且必須去考慮其他人的感受。於是安說：「對其他人來說，這並不是一件有趣的事。如果有人無緣無故的就毆打妳，妳又會有什麼感受呢？」

「噢，妳給我閉嘴，妳這個耍嘴皮子的傢伙。妳真無趣。」伊莉莎白邊說邊離開。「各位，我們走啦。」

就這樣，這一群惡霸放過了安。

跟講述有關交朋友的故事時一樣，莎拉在這個故事中也有能力從容不迫地應用**次序性計劃**的技巧——也許是因為這個題材與她的切身經驗有關。另外值得注意的是，她在敘述將實行的程序時使用「第一步」、「第二步」的說法，並先思索了一下自己將採取的行動，然後才開口說出來。她不僅能夠考慮到**達成目標的步驟**，也對每個步驟加入了一種**障礙**。雖然她並沒有在故事中加入時間或時機，但她能夠體認到其他人的感受，也試圖去瞭解霸凌者的**潛在動機**。她問他們想毆打坎蒂的原因並讓他們因此說出：「因為這樣很好玩啊」，此時有可能莎拉是以一種過來人的方式在思考。她也一度有過相同的想法，也就是說，她可能也曾經對於一個孩子為什麼會想去毆打

其他孩子歸因於一種極為膚淺的理由。現在，她已經擺脫這種想法了，然而她看出其他類似伊莉莎白的子可能仍然困在她曾經有過的錯誤想法中。換句話說，她會以其他人的角度去觀察事情，而不再認定每個人的想法都跟她一樣。

假如她確實是以這種方式思考，她在自己敘述的故事中就結合了三種「我能解決問題」的技巧：**次序性規劃、瞭解他人的感受、**以及從其他人的觀點來**瞭解潛在動機。**

由於莎拉能夠以這種深思熟慮的方式來構思自己的計劃，進而制止霸凌行為，及反省霸凌對其他人可能造成的影響，對她在未來對待自己的同學及其他人的方式將產生重要的影響。

現實生活

結交朋友

十二歲的馬克來自一個使用「我能解決問題」的家庭。由於他接受的技巧訓練，他能夠併用**傾聽及瞭解動機**的技巧來結交朋友。馬克一直以來都對學校裡的某個男同學避而遠之，他表面上看起來非常陽光及強壯，但另一方面卻也非常不友善及冷漠。有一天，馬克注意到，這個男孩看起來悶悶不樂（**一種非語言的線索**），於是就問他發生了什麼事。「沒事。」男孩沒好氣的回他一句。

正當馬克開始想走開時，這個男孩才輕聲地說：「我真不敢相信我爸媽要離婚了。我已經很習慣他們兩人同時在我身邊了。現在我媽找到她喜歡的人，而我卻不怎麼喜歡他。」

由於馬克自己的父母也離婚了，因此他對這個男孩的舉

止為何會這麼不友善在這一刻有了全新的理解，他於是試著想安慰他。他告訴他盡量往好處想。「也許他最後會發現其實自己並不喜歡他，或者他以後會變得更親切也說不定，因為他才剛剛開始試著想討好你。每件事都將好轉的，因為你將會適應新的環境。」

另一個男孩克里斯多佛則告訴我，他也曾經利用自己的**傾聽技巧及瞭解動機**來瞭解同學的情形。克里斯多佛的同學查爾斯告訴他，他最近發現自己的母親過去結過婚並有孩子，而他們現在住在另一州。我問克里斯多佛，他現在對查爾斯的感覺是否不同，克里斯多佛說：「我為他感到難過，因為我瞭解困擾他的事是什麼了。」

馬克對他的新朋友產生**同理心**，而克里斯多佛則覺得**同情**。這兩個男孩在洞悉朋友的想法之前都未曾有過這種感受。他們以**傾聽及瞭解**朋友的行為的**潛在動機**來達到這點。換句話說，他們想起之前的「我能解決問題」練習中提過的，**事情不一定都如其表面上那樣**，以及**別人出現某種行為的原因可能不只一種**。而這些新的理解讓以上兩則實例中的男孩更進一步認識了彼此。

尼可拉斯在致力於瞭解同學約翰的過程中也有機會同時應用三種「我能解決問題」的技巧。尼可拉斯很想成為約翰的朋友，但約翰卻很容易跟人挑釁打架。儘管尼可拉斯瞭解，約翰是因為自己的肥胖而感到自卑，但他仍然懷疑自己能否成為約翰的朋友。於是他的母親使用「我能解決問題」的對話方式與他討論接下來可以採取的方法：

母親：「既然你已經瞭解他心裡感到自卑，你對他有什麼樣的感受？」

尼可拉斯：「我為他感到難過，但這卻不是霸凌別人的
　　　　　理由。」

母親：「你認為他需要朋友嗎？」

尼可拉斯：「媽，我還不曉得他會做出什麼事呢。」

母親：「為了瞭解他是否還會傷害其他人，你能夠做什
　　　麼或說什麼嗎？」

尼可拉斯：「我可以告訴他，假如他希望的話，我將成
　　　　　為他的朋友，不過他必須停止傷害其他人的行
　　　　　為。」

母親：「接著可能會發生什麼結果呢？」

尼可拉斯：「他可能會答應。但我將等一陣子，以便瞭
　　　　　解他的行為是否確實改變了。」

母親：「你要等多久呢？」

尼可拉斯：「一星期。接著我就能夠確定他的意圖
　　　　　了。」

母親：「你的想法很好，尼可拉斯。你對這件事考慮得
　　　非常周密。」

　　尼可拉斯的母親幫助兒子想出解決方法，讓尼可拉斯能
夠想清楚他是否希望和約翰交朋友。尼可拉斯也考慮了這麼做
的**可能後果**。由於尼可拉斯瞭解了**次序性計劃**中時間和時機的
重要性，因此認清和約翰交朋友可能還過於匆促，於是他決
定等候，以瞭解約翰將會採取什麼行動。他的部分計劃是去判
斷約翰的動機。值得留意的是，即便尼可拉斯對於約翰出現某
種舉動的原因有了新的洞悉，他並未即刻改變和約翰之間的關
係。也由於尼可拉斯已經能夠將他學到的「我能解決問題」的
技巧結合在一起，因此相較於我在第五章中描述過的雷蒙，他

比較可能和約翰變成朋友。尼可拉斯已經能夠將注意力集中在雷蒙成為霸凌者的可能原因（「行為舉止就像他父親」），但當時卻選擇不再對此進一步思考。

重要的是，尼可拉斯也從而瞭解了另一個同學扎查瑞必須一直吹噓自己有多受歡迎的原因。此舉會讓他覺得自己彷彿很吃得開，而其實並不然。但尼可拉斯也能認清，和扎查瑞這類的男孩交朋友會比較容易些，因為就像他說的：「吹噓的行為並不會對其他人的身體造成傷害。」

🔑 和朋友疏遠

有時孩子會想擺脫一段友誼，而且不知道該如何著手。甚至連父母自己在面對這種情形時也可能感到棘手。由於不確定該給什麼建議，他們可能會設法勸阻自己的孩子，並提出類似這樣的說法：「還是儘量對別人好一些。否則你會沒有朋友。」

八歲的唐恩就發現自己正陷入這種困境中。幸運的是，她的母親非常嫻熟「我能解決問題」的技巧，於是她以下列方式來處理這種情形：

　　母親：「如果妳現在不想再和雪瑞當朋友的話，沒有關
　　　　　係。但在妳真的結束這段友誼之前，妳必須仔細
　　　　　思考自己想這麼做的原因。」
　　唐恩：「我不曉得。沒人喜歡她。她都和一些壞小孩混
　　　　　在一起。」
　　母親：「考慮一下妳能用什麼方式跟她說，妳不想再當
　　　　　她的朋友了。」
　　唐恩：「我不想傷害她的感情。但她還是一直約我出去

　　　玩。」

母親：「妳能做什麼或說什麼呢？」

唐恩：「離她遠一點就好了，而且不用特別說什麼。也
　　　許她自然就能明白了。」

母親：「這是一種方法。這種做法可能會讓她有什麼感
　　　受？」

唐恩：「如果她真的還是很希望跟我做朋友的話，她應
　　　該會很難過吧。」

母親：「那又會讓妳有什麼樣的感受呢？」

唐恩：「難過。」

母親：「妳想得出有關她的一件好事嗎？」

唐恩：「她的歌聲很美。」

母親：「妳現在能如何利用這點呢？」

唐恩：「我可以告訴她，我喜歡她的聲音，但不喜歡她
　　　的朋友。」

母親：「很好的想法。妳已經讓她選擇跟誰當朋友
　　　了。」

　　以上這段對話考慮了兩個女孩的感受，也幫助唐恩想出
了變通性的解決辦法。

　　當八歲的貝絲對朋友艾蜜莉裝作沒看到時，她的父親利
用幾種「我能解決問題」的技巧來幫助女兒徹底思考自己的行
為。

父親：「有什麼問題嗎？為什麼妳不想和朋友打招呼
　　　呢？」

貝絲：「她嘲笑我。她認為我的頭髮很可笑。」

父親：「妳認為她為什麼會這麼想呢？」

貝絲：「因為她覺得自己的頭髮是最棒的。」

父親：「她之所以嘲笑妳是否可能還有其他的原因呢？」

貝絲：「也許她其實並不喜歡自己的頭髮？」

父親：「這是一種可能。妳還能想出其他的原因嗎？」

貝絲：「也許她今天被她爸爸罵了？」

父親：「如果妳知道她其實也不喜歡她自己的頭髮，或她真的被她爸爸罵了，妳還會不跟她打招呼嗎？」

貝絲：「她也沒必要嘲笑我啊。」

父親：「當妳不跟她說話時，妳想她會有什麼感受呢？」

貝絲：「難過。」

父親：「那妳對於她感到難過的情形又有什麼樣的感受呢？」

貝絲：「很難過。」

父親：「妳能想出什麼辦法讓妳們兩個都不會覺得難過，而且也不會造成她從此以後不再跟妳說話嗎？」

貝絲：「我可以問她為什麼要嘲笑我。」

父親：「除此之外，妳還可以做什麼呢？」

貝絲：「也許我可以邀她來參加我的生日派對，這樣她就不會再嘲笑我了。」

藉由要求貝絲去思考艾蜜莉嘲笑她的原因，貝絲的父親也從而讓她去思考了艾蜜莉的**潛在動機**。當他要求貝絲去思考

她和朋友兩人的感受時，他也讓她瞭解，他很關心她的感受以及他希望她也能關心他人。他接著問她：「那妳對於她感到難過的情形又有什麼樣的感受呢？」來幫助女兒培養同理心。而且他還藉著要求她去思考能採取什麼辦法來讓艾蜜莉不再嘲笑她，促進了貝絲的「我能解決問題」的技巧——**變通性解決辦法**。

　　這種「我能解決問題」對話和他在過去使用的「說明法」有極大的不同。在實行「我能解決問題」之前，他都習慣對貝絲說：「假如妳對朋友不好，他們怎麼知道妳喜歡他們呢？如果她用這種方式對妳的話，妳也會覺得非常不愉快。如果妳再繼續表現這種態度的話，很快妳也將沒有半個朋友的。甚至也沒人會跟妳說話。」

　　對這種說教，貝絲極有可能一個字都聽不進去。所幸「我能解決問題」對他們父女兩人提供了幫助：由於貝絲的父親暫且不去管社交風度的問題，而先關心女兒的感受及其行為的動機，因此能夠指引她自行解決問題。貝絲遲早會變得更具同理心，也比較可能在對他人遽然做出可能錯誤的結論之前先思考自己的行為。

⚷ 應付脅迫

　　孩子之中如果有一群孩子聯合起來對付某一個人（經常是為了嚇唬或是脅迫她）時，就會發生另一個常見的友誼問題。我們在第七章中介紹過的十二歲的法蘭辛就差點因為一場睡衣派對而跟朋友失和，當時有一群她視為好朋友的女孩開始講一些深夜的恐怖故事，而且還信誓旦旦地說是真的事情。當她受到驚嚇而要求回家時，她們卻開始跟她說一些有關受到驚嚇的人會遭遇到的事情。過了一小時，她們才終於停下來，然

後上床睡覺。等到第二天早上回家之後，法蘭辛跟母親說：「我認為她們是故意想讓我崩潰。」

母親的第一個念頭是要女兒乾脆不要再跟那些女孩來往了，但她還是使用「我能解決問題」來幫助她釐清這件事：

> 母親：「這些女孩都是妳的朋友嗎？」
>
> 法蘭辛：「我認為她們是啊。」
>
> 母親：「妳現在對她們又有什麼感受呢？」
>
> 法蘭辛：「我不確定。也許她們只是酒肉朋友。」
>
> 母親：「妳還想跟她們做朋友嗎？」
>
> 法蘭辛：「我不曉得。」
>
> 母親：「吸引妳跟她們在一起的因素是什麼呢？」
>
> 法蘭辛：「她們平常都對我很好。」
>
> 母親：「妳必須對她們說什麼，才能讓她們瞭解妳對她們的行為有什麼樣的感受呢？」
>
> 法蘭辛：「我可以跟她們說，我不喜歡她們昨晚的表現。但我不會跟她們承認我被嚇到了，不然她們會認為我是個愛哭鬼。」

這就是一個很好的做法。這種方式讓法蘭辛有時間去判斷這些女孩是否還會持續嚇唬她，或者在睡衣派對上發生的事只是獨立事件而已。

當父母希望結束一段友誼時

不幸的是，有些孩子似乎就是會對其他孩子產生不良影響。父母通常對這些有害的友誼極具警覺性，並很快就會對自己的孩子提出警告。然而，他們經常會這麼說：「我不希望你

再跟那些孩子混在一起了」——這種說法只會讓他們更具吸引力。如果使用「我能解決問題」的技巧，所達到的效果就會好很多。

假如你的孩子似乎困在一段對他極不利的友誼中，不妨問他：

- 當你和這些孩子在一起時，你有什麼感受呢？
- 你喜歡他們哪一點呢？
- 你喜歡和他們在一起時的感覺嗎？
- 如果你跟這些孩子繼續交朋友，可能會發生什麼事？
- 你希望發生這種事嗎？
- 你必須做什麼才能讓這種事不會發生？

許多青春期前的孩子都渴望和父母討論這類的話題。你可以拋出類似上述的問題並鼓勵後續的談話，這樣不僅可幫助孩子處理他們現在面臨的問題，也可幫助他們做好準備，以對抗他們在進入青春期時將體驗到的同儕壓力，因為屆時的壓力將有可能導致更嚴重的問題，我將在本書結尾的「尾聲」進一步討論。假如你的孩子結交的朋友看起來有可能會讓他遭受危險，你現在就該幫助他訂出某種行動計劃，以避免這種可能的結果。

除了培養選擇、結交及保有朋友的能力之外，如果希望孩子長大後能成為成功、有適應能力的大人的話，還必須培養其他兩種技巧：處理失望的能力及為自己渴望的目標耐心等候的能力。

如果孩子不能耐心等候或是遇到挫折就立刻大發雷霆，原因可能出在他們沒有能力或不願意去思考其他的辦法。結果，他們的反應不是亂發脾氣就是衝動行事，將自己的感受宣

洩在其他人身上，或是過早就放棄努力。

有兩種類型的孩子有可能在日後對自己及其他人造成嚴重的傷害：①為達目的而不擇手段，即便有可能會傷害其他人的心理或身體也在所不惜的人。②以及由於一直未能遂其所願絕望地離開的人。雖然大部分經歷失望及挫折的孩子並不會敵視自己或其他人，但所有的孩子都可以學習讓他們的生命（包括現在及以後）獲得更大滿足感的方式來處理這些壓力。

🔒 處理失望

生命中的許多問題都和失望有關。我們全都曾經體驗過失望，不過，我們之中有些人卻比其他人處理得更好。孩子也是同樣的道理。也許你的孩子未能在學校話劇公演中得到他想要的角色，或是未能入選籃球隊。在成長到十一或十二歲時，有些孩子就會因為他們喜歡的男孩或女孩不喜歡他們、未受邀去參加學校舞會，當他們得到比自己認為應得的分數更低時，或是沒拿到他們希望在節日或是生日時獲贈的禮物時，都會感到失望。

根據莎拉的母親的說法，莎拉在生日時總是感到失望。她對自己收到的禮物從來沒有滿意過。十歲生日時，她怒氣沖沖地跑到父母的房間，然後以不屑的口吻說：「我想要直排輪跟一台光碟機，結果我卻只拿到溜冰鞋。」

「她非常愛頂嘴。」莎拉的母親告訴我。在過去，她都習慣用奚落的方式回應女兒：「妳是怎麼回事啊！妳怎麼會這麼不知好歹呢！」莎拉的母親甚至在開始學習「我能解決問題」之後，仍然不習慣使用這種方法。一開始她還是會嘗

試：「我們盡量滿足妳，妳應該心懷感激才對啊。」當這種方法無法奏效時，她就會試圖提出建議，譬如：「我們對妳有這種感覺真的很難過。妳何不自己將錢存起來，然後自己去買光碟機呢？」

這次，莎拉的父母想利用「我能解決問題」的對話方式將說明轉變成問題。他們問她：「妳能想出我們為什麼不買這兩樣妳想要的禮物給妳嗎？」莎拉必須非常認真地想這個問題。她以前從未被提出過這類問題。最後她終於表示：「因為你們不希望我有這些東西？」「這是一種可能性。」她的母親回答。但她心裡有一個不同的理由。因此，她繼續問：「其他還有什麼原因呢？」「因為禮物太貴了？」莎拉問。「這個嘛，」她的父親回答：「我們已經想辦法買了溜冰鞋送妳，還有一些小禮物。我們以為妳會喜歡這些東西。」莎拉現在體認到她的父母其實已經盡力在討好她，並沒有不重視她的意思。她的父母接著補充：「假如妳真的很想要一台光碟機，妳必須怎麼做才能得到呢？」「我可以將自己的零用錢存起來，」莎拉說。

莎拉的父母可以看出在他們使用「我能解決問題」及沒有使用時莎拉反應上的差異。而且莎拉不僅瞭解了父母的**觀點**，也能針對問題想出**變通性的解決辦法**。

將多種「我能解決問題」的技巧結合起來使用，也有助於莎拉處理不同的失望。當她在考試時沒能得到她認為自己應有的分數時，她剛開始會怪罪老師。接著她就能認清，也許原因在於她不夠認真念書。這代表了一種重大的突破。莎拉已經能夠針對屬於自己控制範圍內的不良成績找出原因。由於她已經練習過安排自己的時間表，因此已經有能力如期完成自己的所有功課，於是她決定為下次的考試制定一個讀書計劃。首

先，她推斷出需要的讀書時間。接著她又決定提前幾天開始讀書，而不再等到考試前一天才臨時抱佛腳。莎拉的母親也協助她判斷每天需要花幾分鐘的時間專心念書。在過去，她可能會說一些類似這樣的話：「如果妳能更認真念書，妳就能得到更理想的成績了。」現在，她則和莎拉一起致力於「我能解決問題」的技巧，而莎拉非但沒有抗拒，還很歡迎她的協助。對這種年齡的孩子而言，當他們想和朋友在一起的希望和父母的安全顧慮相抵觸時，也容易感到失望。比方說，尼可拉斯就渴望能和他的朋友一道去購物中心玩，但父母卻不允許他在沒大人護送的情況下前往。在過去，這種爭執到最後都會陷入僵局，而尼可拉斯也會感到很氣餒及受挫。

　　但當他的母親開始學習「我能解決問題」之後，她開始以不同的方式來討論他們之間的爭執：

　　母親：「假如你在沒大人護送的情況下去購物中心的話，可能會發生什麼事？」

　　尼可拉斯：「什麼事都不會發生！」

　　母親：「認真想。可能會發生什麼事？」

　　尼可拉斯：「我想不見得絕對安全。有些在附近閒晃的大孩子可能會來找我們麻煩。但如果你跟我們一起去的話，其他孩子會瞧不起我。」

　　母親：「當你們這幾個男孩子自己跑去購物中心時，你認為我心裡會有什麼感受？」

　　尼可拉斯：「我猜會很擔心吧。」

　　母親：「你能想出某種方法來解決這個問題，既可以讓我不用再擔心，而其他孩子也不會瞧不起你呢？」

尼可拉斯：「也許妳可以護送我去，但不要讓那些傢伙
　　　看到？」
母親：「這是一種方法。我們要如何才能辦到呢？」
尼可拉斯：「妳可以走在我們後面。這樣一來，妳可以
　　　看到我們，而我們卻看不到妳。」

　　尼可拉斯的母親接受了這個解決辦法。她非但沒有命令
兒子必須聽話，反而幫助他考慮她的感受以及在無人監督的情
況下去購物中心可能會發生的後果。「我能解決問題」也讓尼
可拉斯有能力想出一種讓每個人都滿意的解決之道，結果連他
的朋友的父母都同意，如果這群男孩子想在週末時到購物中心
的話，他們也可以輪流幫忙護送。
　　當孩子無法在與朋友約定遊玩的日期赴約或是父母不能
信守承諾時，經常會感到極度失望。九歲的湯瑪士原本計劃和
父親一起去看籃球賽。湯瑪士在晚餐前就將功課寫完，對於要
去看球賽顯得極為興奮，但他的父親卻打電話來說，他必須加
班到很晚。而母親因為必須在家陪湯瑪士的弟弟，因此也不能
帶他去。在使用「我能解決問題」之前，他的父親總會試圖向
湯瑪士解釋他無法及時回家去看球賽的原因——結果當然是徒
勞無功，因為湯瑪士並不會因此而感到好過一點。湯瑪士的父
親知道，他即便說類似這樣的話：「我知道你很失望。」或建
議他可以利用這個晚上看他的新書，也都無法安慰他。
　　但學會了「我能解決問題」的技巧之後，父親開始嘗試
一種全新的方法。他從辦公室打電話給湯瑪士，並開始了一段
幫助兒子處理這種挫折感的對話：
父親：「你對今晚不能去看球賽有什麼感受？」
湯瑪士：（他最近學到的「感受性字眼」中挑選適當

的）「很挫折。而且也很失望。」

父親：「你認為我對於沒辦法帶你去又會有什麼感受
　　　　呢？」

湯瑪士：「也很失望吧。」

父親：「你能夠想出另一件可以在今天晚上做而且又會
　　　　讓你覺得很快樂的事嗎？」

湯瑪士：「不能！」

父親：「我知道你想得出來。你現在已經是一個很好的
　　　　問題解決者了。」

湯瑪士：「我可以上網跟朋友聊天。」

父親：「這個想法很好。那假如你的朋友不在家的話，
　　　　你還能做什麼呢？」

湯瑪士：「我將會玩電腦遊戲。」

　　湯瑪士的語調在談話進行至此時已經有了改變。他瞭解
他將會玩電腦遊戲玩得很開心。因為湯瑪士的父親要求兒子去
思考自己的感受（而不是告訴他他應該有什麼感受）接著還要
求湯瑪士想出晚上的替代活動，湯瑪士因此覺得受到尊重，也
能夠想出讓自己感到愉快的辦法。

　　但在遲疑一會兒之後，他表示，他還是希望爸爸能帶他
去看球賽。「你下個週末能帶我去看球賽嗎？」他問道。

　　在回答類似這種問題之前，請務必謹慎。假如你老是做
出自己無法兌現的承諾，將會製造出新問題：你可能會失去
孩子對你的信任。先不要急著承諾，想辦法騰出另一天的時
間──並祈求老闆不會又有其他緊急事件要你處理。

　　唐娜也遭遇失望的情況。由於她決定從自己封閉的世界
中走出來，於是她想在放學後打壘球。但其他女孩卻不讓她加

入。她們並不是不喜歡她（她們的確喜歡她），但唐娜的球技還不足以達到這些女孩的要求。在使用「我能解決問題」之前，唐娜會從最壞的角度來解讀這類挫折。她可能會認定這些女孩不希望跟她一起玩，而這個運動項目也不適合她。現在她則有能力去思考，自己是否還希望再努力練習以精進自己的球技，或轉而嘗試其他的興趣。她決定要改練體操。不僅是因為她開始愛上了這種活動，也由於她交到了新朋友。過沒多久，她也就完全忘了壘球了。

　　但人生不如意十之八九。唐娜對於將演出她第一次的體操表演感到興奮不已，結果卻發現她的父母當天晚上必須去辦其他的事，也因此無法前來觀賞她的演出。但由於接受過「我能解決問題」的訓練，唐娜現在能妥善地處理這種失望了，她的方法是「不去想這件事」以及「往好的一面想」。當我問她所謂「好的一面」是指什麼時，她說：「有些小孩連參加表演的機會都沒有呢。」唐娜已經學會將這種事處理得非常好了。

　　無論孩子的問題造成的挫折是短暫的亦或較長期性的，請避免告訴孩子他應該有的感受或是如何去達成他的目標。盡量不要去說類似以下的話：「不到十年，你就會將這件事忘得精光了。」他只是有可能而已。你反而應該幫助孩子去瞭解其他人的潛在動機，思考一下自己還能採取其他什麼方法，而假如他想達到的是一個長期目標，要求他制定一個**計劃**。假如孩子的目標不切實際，設法引導他建立一個不同的目標。如果督促孩子為了實現某種美夢必須更努力去嘗試，或為了鼓勵他而對他說：「我知道你辦得到的。」可能反而導致他乾脆不再嘗試了，或讓他覺得自己是個失敗者。就像我們看到唐娜在她的新嘗試中找到滿足感，你的孩子也可以。

處理必須耐心等候的情形

🔑 虛構的情況

　　許多孩子無法處理必須耐心等候才能滿足自己希望的情形，其中包括獲得大人的協助或關注、即將來臨的週末亦或生日。無法處理失望情形的孩子當自己的欲望無法即刻獲得滿足時也會遭遇困難。

　　你可以利用和孩子玩「你在等候時能做什麼」的遊戲方式來協助孩子學習耐心等候。你可以用以下這則虛構的故事來介紹這項練習：

　　泰瑞希望母親能協助他練習小提琴課程，但他的母親正忙著唸一本書給妹妹聽。現在你告訴我五件泰瑞在等候時能夠做的事。

　　不是所有的孩子都想得出五件事，但父母可以從旁協助，父母可鼓勵他們想出解決這種問題的**變通性**方法。以下就是一位「我能解決問題」的十歲男孩想出的等候活動的清單：

- 泰瑞可以跟朋友講電話
- 跟妹妹一起聽媽媽講故事
- 做功課或是讀一本書
- 看電視
- 自己先練習

　　這個男孩在練習「我能解決問題」之前只能想出一種等候方式：「自己先試著演奏。」他的第二種方式是：「他就耐心等就好了。」只是再重新敘述一次問題，完全不能算是一種

解決辦法。使用「我能解決問題」則幫助他對這個之前困擾他的問題想出了許多很好的答案。

　　唐娜認為被迫必須等候的女孩可以寫一篇「我能解決問題」的故事；而另一個向來無法耐心等候的女孩則建議：「她可以小睡一下。」

🔒 現實生活中的耐心等候

　　當你的孩子在日常生活中必須耐心等候某種東西時，不妨將按次序規劃的技巧中的**時機因素**與**變通性解決辦法**結合在一起，來幫助她學會耐心等候。舉例來說，你可以問她：「這時候要求我協助妳做功課是不是一個適當時機？」假如孩子回答不是適當時機，就再問她：「妳在等候時能做什麼呢？」

　　十一歲的艾蓉覺得自己沒有得到母親足夠的關心。不幸地，艾蓉的母親經常要到晚上七點半才能下班回家，她對此也深感愧疚。然而，當她真的回到家之後，她又覺得自己也需要一點時間，因此就會設法看一下報紙。由於艾蓉急著想得到母親的關注，於是會試圖跟她說話。在過去，她的母親會說：「我真的很想跟妳說話，但我現在要先看報紙。我上了一整天的班，我需要一點自己的時間。」此時，艾蓉的不耐煩就經常會爆發出來，於是就用力踩著樓梯跑進她的房間裡了。

　　但在接受過「我能解決問題」的訓練之後，她們之間的對話改變了。現在她的母親會說：「我真的很希望能跟妳說話，但現在是我們談話的適當時機嗎？妳能想出我需要一點時間放鬆的原因嗎？」「妳很疲倦。」艾蓉自動回答。「我會想出其他我在等候時可以做的事。」

這種練習對艾蓉的母親來說也是新鮮的嘗試。她因此瞭解，自己這個快要進入青春期的女兒真的很想跟她說話及徵詢她的意見——而這種渴望跟她分享的心情可能不會永遠都存在。由於離艾蓉進入青春期的時間也不過幾年而已了，艾蓉的母親瞭解，女兒的需求可能很快就會改變了，而她應該趁女兒還有這種意願之前跟她好好談談。「我能解決問題」幫助艾蓉體諒母親的需求，也讓母親能夠轉而體諒艾蓉的需求。

　　儘管莎拉已經練習使用「我能解決問題」很長一段時間了，但她還是偶爾會忘了自己學到的技巧，而在自己的希望無法得到滿足時出現不耐煩的反應。藉著思考在某種虛構的情況下必須等候時可以做的五件事，當她在真實生活中想即刻得到某種東西時，這種練習即有助於安撫她的衝動。

　　對唐娜而言，這種練習則有不同的重要性。由於唐娜的個性不夠果斷，她對於自己想要的事物反而容易等得過久。假如她的父母或是某個同學跟她說：「待會兒。」唐娜就會乖乖地等，有時還從未獲得她希望的東西。在接受過這種練習之後，她學會去辨別被要求等候的合理時間範圍，並在這段時間中先去忙其他事情，而接下來如果她希望再度嘗試去要求她想要的東西，則會使用她最近才剛學會的變通性解決辦法的技巧。

　　在更有能力去思考等候時應該做什麼事之後，莎拉學會了更有耐心，而唐娜則瞭解了耐心等候及忽視之間的差別。有了這些新技巧之後，孩子不僅學會了必須耐心等候才能達成自己的希望，也學會了處理當自己的希望無法獲得滿足時的挫折感。

　　就像我在前面提過的，「我能解決問題」的對話方式在剛開始時可能會看起來很花時間，或讓人覺得過於冗長。但在

你和孩子習慣這種方式之後，你就可以縮短這類對話。在下一章，我將就此進一步說明。

・如有可能，不妨幫助孩子一次使用一種以上的「我能解決問題」技巧。先從只有兩種技巧開始。比方說，你可以將「別人有什麼感受」加入到「變通性解決辦法」中，接著再增加另一種，譬如：「接下可能發生什麼事？」沒多久，你的孩子將有能力根據自己對其他人的感受及出現某種行為的原因瞭解制定出某種行動計劃了。

‖ 第十章 ‖

「我有什麼好處呢？」
以及常見的Q&A

比較會去考慮孩子行為的父母
也會更仔細思考自己的行為。

現在你和孩子對於「我能解決問題」的技巧已經有了通盤的瞭解，但你可能還是對於在日常生活中，對孩子使用這種方法存有一些疑問。

Q：「『我能解決問題』的對話能夠被縮短嗎？」

A： 我從剛學會這種方法的父母那裡最常聽到的問題就是：「這些對話都太冗長了！我們難道不能將它們縮短一些嗎？」

幸運的是，答案是可以的，但可能不是在剛開始時。一開始最好還是以一種周詳而系統性的方式來進行，如此你和孩子才能確實學會這種方法。但總有一天（時間多寡則須視每個家庭而定）你一定可以縮短這類對話。在你和孩子已經很習慣使用「我能解決問題」之後，你可能只需三言兩語就能幫助孩子思考眼前的某種問題以及解決的方法。

你可以根據問題的性質來決定是否有必要去問他有關他自己或其他人的**感受**以想出問題的**解決之道**，思考自己的辦法會產生的**後果**，或是制定某種行動**計劃**。舉例來說，假若你的兒子正對著他的妹妹大吼大叫，你就可以問他：「你能想出一

個不同的方法來告訴妹妹你心裡的感受嗎？」由於你的兒子現在已經能夠預見接下來你可能會問的一些問題（「當你對妹妹大吼大叫時，你認為妹妹會有什麼感受呢？」「假如你像這樣對她大吼大叫，可能會發生什麼事？」）你也就不必再去問這些問題了。

　　假如你希望他專心去想妹妹的感受，你可能也會發現，其實你只要問他以下這個問題就已經夠了：「當你對妹妹大吼大叫時，你認為妹妹會有什麼感受呢？」假如你選擇這個問題，記得要用問的方式，而不是說教的方式。在剛開始時，有些父母會發現自己又回復到原來的「說明法」，譬如：「你對妹妹這樣大吼大叫，她也會生氣啊。」

　　如果你的孩子希望跟一位最近疏遠的朋友重拾友誼，你可以問他：「你必須做什麼才能解決這個問題？」（要求提出解決辦法）或是「你首先能夠做什麼？」（要求提出一個計劃），而這種問題可能就已經足夠了。假如你的孩子剛撒了個謊、未經允許就拿走了某樣東西，或傷害其他人的心理或身體，你就可以問：「當……時，可能會發生什麼事？」假如孩子仍然未顯露同理心，你可以再問一個後續的問題：「還可能會發生其他什麼事？」而假如孩子依舊只關心自己可能會發生的事，而不顧其他人，你就可以繼續再提出另外兩個問題：「這可能會讓你的朋友有什麼感受？」以及「你對這種情形又會有什麼感受呢？」

　　各位將可以在第十一章找到其他有關只用一或兩個問題就能取代整個「我能解決問題」對話的例子，我在第十一章也設計了一個測驗來幫助你確認不同的教養風格。

Q：「假如我讓孩子自己去想，我會不會喪失主控權？」

A： 許多尚未嘗試過「我能解決問題」的父母都擔心這種方法將讓他們屈於劣勢——他們將不再能掌控自己的孩子或家庭生活。但我希望各位也想想自己現在是否就真的握有主控權。假如你的孩子正在霸凌或作弄其他人，拒絕清理自己的房間或想出完成作業的計劃，有可能你現在就已經覺得喪失主控權了。

我的重點是，藉由使用「我能解決問題」及賦予孩子一種控制感，你將能贏回主控權。你的孩子的行為舉止將比較不會造成負面後果，而你也將不須不斷地以高壓的手段來控制孩子。

當我在一個電台節目中接受訪問時，有一位男性聽眾打電話進來告訴我們，他對於自己小時候被給予的自由有多麼地感激。「當我大約八歲時，我因為弟弟踩到了我的機器人，氣得出拳毆打他。」他說：「我父親因為這件事跟我談了大約有半小時。」我問這位聽眾，他對於父親選擇跟他談話而不是體罰他，有什麼樣的感覺。他說，他覺得自己被賦權：「結果我自己決定跟弟弟道歉。我心裡難過得要命，而且我以後再也沒做過這種事了。」他還補充，假如他的父親體罰他或命令他道歉的話，他就不會有機會體驗到當時那種愧疚的感覺，而被給予產生這些感覺的機會正是讓他此生再也不會傷害其他人的因素。

雖然我們並無法確切得知這位男性聽眾的父親當時是用什麼方式跟他進行談話，但對他而言，他的父親讓他自己決定該怎麼做，卻是非常重要的事。

Q：「假如我使用『我能解決問題』，我的孩子是否將認為他就能夠為所欲為了？」

A： 賦予孩子控制權並不表示就可以隨他高興愛怎麼做就怎麼做。而是對孩子賦權，並讓孩子知道由於瞭解自己能夠做出正確的決定而產生自信。就像我描述過的那些決定如何整理自己的房間（重點不在於他們**是否**有整理）以及**如何**分攤其他的家事（重點也不在於他們**是否**確實有做到）的孩子。你也已經看到，孩子能經由學會去體諒你的感受，而瞭解如何做出正確的決定——譬如：放學後在預期的時間回到家。

假設你的兒子由於妹妹不將她正在看的雜誌給他而開始發起火來。你就可以縮短對話，簡單地問他：「你能想出不同的方式來告訴妹妹你希望她怎麼做嗎？」他可能會說：「沒錯，我可以揍她一頓。」

這種情況下，你就必須再繼續這種對話，並問他：「如果你那麼做的話，可能會發生什麼事呢？」假如孩子還是繼續提出一些將導致負面後果的解決方式，則你的孩子就還不適合進行縮短式的對話。你必須再繼續跟他對話，才能阻止孩子為所欲為。你也才能幫助他想出不致於傷害他的妹妹、他的朋友、你——或最終，他自己——的解決辦法。

Q：「無論何時都適合使用『我能解決問題』嗎？」

A： 也有父母問過我，是否有不適合使用「我能解決問題」的時候。事實上，我的確不建議父母在某些時候使用「問題解決法」。假設你的孩子猛然往街上衝過去，而剛好有一輛車迎面而來。你就不可能停下來說：「這是你適合待的地方嗎？」或是「在街上這樣狂奔好嗎？」你第一件必須做的事

可能是將孩子拉到安全的地方，接著你們兩個人還需要一點時間來讓自己鎮定下來。

　　你可能會很想大聲斥責孩子，或是解釋為什麼她的行為非常危險，但我建議你先克制自己。大聲斥責她或是解釋原因都無法防止她再度在街上橫衝直撞。只有使用「我能解決問題」才能有助於確保她在將來會更謹慎小心。但當我們受到壓力或是心煩意亂時，「我能解決問題」並無法發揮效益。請等到你讓雙方都冷靜下來之後——但也不要等太久，否則這個問題可能早就被遺忘了。接著再開始進行一段「我能解決問題」的對話。要求她告訴你，在過馬路之前該做什麼（她現在就會知道該先注意兩邊有無來車），假如她沒這麼做的話，可能會發生什麼事，而且如果發生這種結果，她（和你）將有何感受，以及她能做什麼來避免發生這種結果。

Q：「我的孩子是過動兒。『我能解決問題』能幫得上忙嗎？」

　　A：　邦妮・安伯森在訓練許多老師及家庭使用「我能解決問題」方面已經有將近十五年的經驗，最近還教三個患有「注意力不足過動症」的孩子（兩個男孩及一個女孩）的父母有關「我能解決問題」的方法。六個月之後的觀察結果顯示，三個孩子都變得較不容易沮喪，而且改善情形極為明顯，另外管教問題也變少了。這些孩子也學會了如何對被指派的工作進行計劃及加以實行，如何表達自己的感受以及如何與其他人更和睦相處。而且最重要的是，這幾個孩子的母親都提到，她們發現自己比以前更能傾聽孩子的想法。

　　其中一個男孩最初極為依賴母親，也經常無法準時上學。一天，在進行訓練課程時，這個男孩向母親要求一筆零用

錢。他的母親問他必須做什麼才能得到一筆零用錢，這個男孩回答：「我可以撿游泳池畔的落葉以及幫植物澆水。」第二天他就主動去叫醒父母，並穿好衣服，準備要去上學了。當母親問他（又驚又喜）：「你為什麼會這麼早就起床了呢？」他說：「我希望在上學前將我的工作做完，這樣我在放學後才能跟朋友一起玩。」這則小插曲也顯示，如果能再協助這個男孩規劃一些——譬如：在前一晚就先將衣服拿出來擺好之類的計劃，這個男孩將有能力預先思考，而這是他過去未曾嘗試過的。

　　邦妮・安伯森在三年後的報告中指出，這幾位父母都成功地持續跟他們的孩子使用「我能解決問題」的對話技巧。其中唯一的女孩在剛開始時沒什麼朋友，學業表現也不佳，對其他活動更是提不起興趣，現在則成績優異，並且能夠獨立完成自己的作業，也學會了彈鋼琴，而且還積極參與女童軍的活動。此外，另外兩個男孩在三年後不但在家及學校都變得更獨立，也比以往有了更多的朋友。

Q：「我有什麼好處呢？」

　　A：　當父母瞭解了「我能解決問題」對孩子的幫助之後，我總感覺到有許多人還想要知道：「我有什麼好處呢？」而我也已經能夠幫助父母從協助孩子學會思考自己的行為中瞭解這點，父母也開始思考自己的事，以及他們與同事、朋友、配偶、孩子之間的互動。

　　其中一位母親卡洛琳就告訴我，由於她已經開始在家使用「我能解決問題」，她現在不僅對於如何跟孩子談話想得更多，也會從中去思考自己跟另一位女同事之間的談話方式。過去，這兩個女人常起口角，而卡洛琳都會跟對方說：「妳怎麼

會指望我同時做妳的工作跟我自己的工作呢！」她們的關係也因此變得愈來愈疏遠。但在學會「我能解決問題」之後，她會主動去找這位女同事，並且對她說：「我想我們遇到問題了，而我需要妳幫我一起解決。」這兩個女人都對這種改變感到驚訝。而果不其然，她們也開始會跟對方討論事情，如今她們不僅在工作上相處愉快，私底下也變成了好朋友。

　　就跟我們協助孩子學習，在心裡覺得難過時，將自己的感受表達出來一樣，我們自己也能夠學會運用這種技巧。有一位成年女性多琳在面對其他成人時經常很羞怯，有一天她和朋友葛蘿莉亞及葛蘿莉亞的朋友一起等兒子的校車回來。葛蘿莉亞當著多琳的面邀請另一個朋友去參加她舉辦的派對。由於多琳正在家裡使用「我能解決問題」的技巧，她於是就說：「我沒受邀參加妳的派對讓我覺得很難過。」葛蘿莉亞覺得難堪極了。其實她只是疏忽了，但假如多琳沒有提起勇氣來表達自己的感受，她的疏忽可能就無法補救了。

　　另一種使用「我能解決問題」方法的好處是：有些父母會開始更認真地思考自己的行動對孩子的行為可能造成的影響。比方說，八歲的班吉是一個依賴性很強的孩子。他的父母對他愈來愈惱火，因為就像他的母親說的：「他希望我們幫他倒麥片，將他的帶子放進錄放影機裡面，甚至幫他削鉛筆。他也不會自己做功課，他會連看都不看就說他不瞭解功課內容。」由於不知道該如何是好，於是他的父母就變得立場搖擺，一會兒說：「你自己去做。」過一會兒卻又乾脆幫他做。

　　儘管班吉的父母在接受「我能解決問題」訓練之前就已經認清，他們在他還牙牙學語時過於呵護他了，但他們也不曉得該怎麼做才能改變兒子的行為。現在他們已經能夠使用

「我能解決問題」的技巧來幫助兒子克服自己永無休止的依賴性。

　　他們要求班吉列出五件他希望爸媽幫他做的事情。在向他保證他們一定會從旁協助之下，他們要求他從中選出一件自己願意去嘗試的事情。班吉決定嘗試自己倒麥片。他的母親利用**次序性步驟**來要求他取出麥片放到桌子上，接著再拿牛奶。「但萬一我將牛奶灑了出來怎麼辦呢？」他笑著問。他已經從他的「我能解決問題」練習中體認到一種障礙了。他的父母也笑了，親眼看著他倒麥片，接著經過小心翼翼的行動之後，牛奶也倒好了。結果牛奶沒濺出來，而大家的臉上也始終掛著微笑。

　　他們決定，就一天而言，這樣的獨立練習已經夠了。但第二天，當班吉要求：「請幫我將這捲帶子放進錄放影機裡。」他對自己的要求啞然失笑，於是接著說：「我可以自己來。」

　　讓班吉能夠獨立完成自己的作業則花了稍微長一點的時間。班吉的父親希望兒子能很輕鬆愉快地著手完成自己的家庭作業，而不至於感到惶恐不安。他尤其不喜歡數學這個科目。他的父親因此改編了一個取材自：為小學中年級設計的「**我能解決問題**」練習手冊中的一項遊戲，他利用數字來玩一個非常受歡迎的派對遊戲「記憶力」（有些人稱之為「專心度」）。但他將原來的圖片配對的遊戲方式改成數字配對，比方說，將某個數字（譬如：25）跟其乘法算式（5x5）相配。儘管班吉的父親建議了遊戲的玩法，但班吉很快就創造出自己的配對卡來測驗自己的減法跟加法技巧。他非常喜歡玩這個遊戲，因此又改編這種遊戲來練習其他科目。舉例來說，在練習生物科目時，他就製作了一些卡片來將動物跟其移動方式進行

配對，譬如：魚配游泳、馬配奔馳、小鳥配飛翔。

　　既然班吉有了學習的熱誠，他的父親決定該到了解決家庭作業的時候了。他的方法是先要求班吉大聲將他的作業唸給他聽，並逐條說明老師的指示。這種方式讓班吉學會了規劃**次序性步驟**來完成某種工作。很快地他變得更有自信，也能夠獨力完成自己的家庭作業了。

　　就在班吉的父母認清在使用「我能解決問題」之前，自己在兒子的依賴習慣中所扮演的角色時，八歲比利的母親也有了不同的收獲，她在使用「我能解決問題」時理解了，自己可能正是助長比利成為完美主義者的因素。她告訴我：「即便他只是在作業中犯了個很簡單的錯誤，或是在學校答錯了一個問題，他都會非常懊惱，也經常會將自己的錯誤怪罪到其他人身上。他的美術老師說比利的確很喜歡藝術，卻也認為他的動作慢得離譜，當其他小朋友都已經完成自己的作品時，他才剛開始而已。」而比利對這個問題的回答則是：「喔，我不在乎啊，因為其他孩子只是將作品趕出來而已，根本不在乎自己的作品好不好看，而我希望自己能畫出優秀的作品。」

　　比利的母親過去都會試著想改變他這種過於完美的自我要求，因此會對比利說類似以下這番話：「你剛才畫出了一棟很棒的房子呢。我敢肯定這幅畫一定是班上最棒的。」但這種說法只會讓比利更焦慮，因為他會覺得自己還可以畫得更好。而假如他在學校得到一個不理想的成績，母親就會說：「沒關係，但我知道你可以做得更好。」在體操課時，他甚至會停下來，然後說：「我做不來。」就不願意再學習如何使用體操設備了，而他的母親此時也會說：「是的，你可以辦到的。」

　　當她開始教兒子去思考其他人之所以會出現某種行為的

潛在動機時，她也開始去思考自己會逼迫兒子（無論有多麼無心）的原因。她的父母從她五歲起就告訴她，她極為「與眾不同」。「這種說法讓我擔負了非常沉重的壓力。我並不瞭解我到底擅長什麼。我覺得自己跟班上同學不同。我覺得我必須超越他們。同時也覺得自己跟他們格格不入。」她進一步說明。

　　一旦比利的母親瞭解了自己對比利的問題所造成的影響之後，她就有能力幫助他改變了。有一天，當他在畫一棟房子時，她主動展開一段「我能解決問題」的對話：

母親：「你覺得自己剛剛畫的東西怎麼樣？」
比利：「很不滿意。我應該可以畫得更好。」
母親：「跟我說說看你畫的東西。」
比利：「這是我們住的房子。但它卻看起來不像是我們的房子。」
母親：「真的有必要很像嗎？跟我說**一個**你喜歡這幅畫的地方。」
比利：「窗戶。」

　　比利開始笑了起來，並在窗戶上畫了一些圖案。母親也笑了。比利開始加上一些圖案，有些甚至沒什麼意義，他先畫在屋頂上，接著再畫在大門上。他變得十分興奮，以致於忘了他原本不喜歡這棟房子。最後，他索性隨心所欲地創作。而不再覺得有必要「完美」了。

　　接下來，比利的母親就能夠幫助他改變他對學業表現不切實際的期望。她並沒有說明為什麼他不必得到滿分的成績單，而是使用「我能解決問題」的技巧來幫助他訂出更符合實

際且能達成的目標，他對此也覺得很滿意。

有一位使用「我能解決問題」的父親透露，他在孩提時代也曾經受到過度的讚美。但他對此的反應跟比利的母親不一樣；他非但沒有設法想達成那些不切實際的期望，反而是停止努力，不想在學校有什麼傑出表現，有一陣子，他甚至不願意嘗試去交新朋友。「我得向他們證明，我一點也不特別，」他跟我說的時候眼神中充滿不屑。由於這種教養方式，當他自己成為父親之後，他幾乎完全不讚美自己的女兒。結果女兒最後卻因為完全相反的原因而不再嘗試想要成功。「我能解決問題」幫助這位父親瞭解，由於他自己對女兒的感受漠不關心，導致她也不在乎自己的自尊。

如各位所看到的，「我能解決問題」幫助父母理解了自己的過往對子女的行為可能產生的影響。也有些父母因而瞭解，促成子女現在的問題的人其實正是自己。有一位母親更從而瞭解，她可能幫十二歲的女兒維多莉亞製造了一種騙人的需求。在使用「我能解決問題」之前，這位母親主要使用「威權法」。

以下是一個實例：有一天，她告訴維多莉亞放學後必須直接回家練習數學，因為她這科的考試不及格。結果，維多莉亞卻去參加她的女童軍會議，因為她認為母親當時在上班，不可能會發現。但她的母親卻從鄰居那裡真的發現了。當被質問去處時，維多莉亞還說了謊，讓她的母親更為憤怒。她接著就要求維多莉亞將她的童軍專科章退回去。

還好她及時發現這種做法對維多莉亞會造成極大的傷害。當她轉換成使用「我能解決問題」的方法後，她不再命令維多莉亞必須在放學後直接回家，而是要求她訂出一個**次序性計劃**，讓她能夠兼顧讀書及她心愛的女童軍會議。於是維多莉

亞參考手邊的行事曆來安排做功課及參加童軍活動的時間。維多莉亞不再感到憤怒、受挫、怨恨，反而對自己的規劃能力感到自豪。

莎拉的母親瞭解，自己經常在未查明女兒對問題的看法下就過於匆促地去懲罰她。就像莎拉曾經告訴我的：「媽媽從不讓我跟她解釋我打弟弟的原因。她就只會發火，然後將我禁足。但有時候弟弟會做一些讓我氣得要命的事情，像是翻我的東西，然後私自將東西拿走。」然而，在學會「我能解決問題」之後，莎拉的母親卻開始能夠思考，毆打他人有時也許只是女兒的一種解決方式，而不是問題所在。她對這種改變感到非常自豪，並告訴我：「現在我已經能夠跟莎拉談清楚了，她也找到了另一種方式來讓弟弟瞭解她的感受。」

「我能解決問題」也對約書亞的父親幫上了忙，讓他不僅能幫助自己的兒子，也從而瞭解了自己。十歲的約書亞請求父親讓他去上鋼琴課。在剛開始兩個月，他練習的意願的確很高，也很勤快。但接下來他的興趣就減弱了。約書亞的父親體認到，如果他使用「威權法」來試圖強迫約書亞練習，並用類似以下這番話來教訓他：「你什麼時候才能對一件事有始有終呢！是你說你想上鋼琴課的，結果你看現在是什麼下場！」──他就永遠也不會有機會聽到兒子的觀點了。

而約書亞很討厭這些長篇訓示，因此很怕跟父親坦誠他其實已經對鋼琴失去興趣了。他只是在屋子裡閒晃，也答應除非練完琴否則不能去找朋友玩。最後，他的父親也瞭解到，也許他應該詢問約書亞困擾他的原因，而不是光只會對他大聲斥責。於是約書亞坦誠：「我討厭練鋼琴。我寧可踢足球。」

父親卻依舊對兒子說的話聽不進去，並大聲叫嚷著：「如果你不可能有始有終的話，我才不要再浪費我的時間跟

金錢讓你去踢足球！」這種反應讓約書亞的心情更惡劣。而他們也陷入僵持狀態——直到他的父親開始使用「我能解決問題」為止。這對父子藉著使用解決問題的對話方式，開始以一種過去不曾嘗試過的形式進行溝通：

> 父親：「我這麼努力工作來賺錢養家，結果你卻隨便浪費掉，讓我覺得很痛心。」
>
> 約書亞：「爸，我想我的確喜歡彈琴，但我練琴的時候，我就不能跟朋友在一起了。我真的很想跟朋友在一起。」
>
> 父親：「你真的想跟朋友在一起？」
>
> 約書亞：「是的，我真的很喜歡足球，而且我踢足球時也能跟朋友一起玩。」

約書亞的父親開始瞭解，他必須考慮兒子的觀點，而不能光只是想著自己的需求。

有關「我能解決問題」對我們輔導的其中一位父親（尼可拉斯的父親）提供的幫助，還有另外一則重要的實例。尼可拉斯的父親由於開始使用「我能解決問題」和兒子討論有關他人的感受，他也因此開始會思考自己的感受。在我前面提過的有關尼可拉斯忘了耙落葉的例子中，他就發現自己不僅感到生氣，也覺得難過及對兒子很失望，並對他無法信賴。他經由瞭解自己的感受及接下來協助尼可拉斯體會這些感受，也從而注意到了兒子的感受——這是他以前一直沒辦法做到的。就像他向我描述的：「當我瞭解自己的心裡有什麼樣的感受之後，我開始能夠用不同的方式跟兒子談話。」接著他的措辭及語氣變得更加柔和；當他補充以下這句話時顯然心裡有些感動：

「我們的關係也有了變化。」

喬治亞・維京在她的書《小小孩，大壓力》(*KidStress*) 中告訴我們，九至十二歲的受訪孩子中有百分之十五指稱，他們害怕跟父母談論有關讓自己心煩的事情，原因是他們怕惹父母生氣。他們也擔心遭到斥責或是傷害。既然現在各位已經很嫻熟「我能解決問題」的使用方法（也瞭解了真誠傾聽的重要性，並能接受每個人的不同觀點及雙向溝通）你的孩子將不會落入上述的百分之十五之中了。

在我描述過的家庭中的重大改變，沒有一件是在一夜之間發生的。孩子和父母都必須投入時間才能學會這種方法，尤其對莎拉和唐娜的家人來說更是如此。但由於他們認清，他們過去使用的方法並無法收到成效，因此才願意下定決心並付出時間。雖然「問題解決法」可能比較費時，但大部分我輔導過的父母都向我保證，這種新方法確實值得這種心力。有一對父母就告訴我：「在一開始實在很難記住必須用問的方式，而不是說教的方式。我其實必須對自己將採取的行動先思考一番。現在卻已經變成我的第二天性了。我不曉得怎麼用其他方式進行談話了。」

而他們的子女也對這種方式表達了極高的熱誠。當我問尼可拉斯喜不喜歡「我能解決問題」以及他認為我們希望他學這套方法的原因時，尼可拉斯回答：「當我遇到問題時，我就已經曉得該怎麼解決了。」

莎拉則說：「我現在很喜歡上學，而且也交到了朋友。」

唐娜也顯得頗為自豪，她笑著告訴我：「我現在能夠解決問題了。」

有一位小六女生的說法可能最貼切，她告訴我：「我們

必須學會自己想辦法。我們不見得隨時都能找到人來協助我
們。」

假如你現在也正在使用「我能解決問題」，你就是在
向孩子發送一則強而有力的訊息：你相信他能做出明智的決
定。你對此也能感到安心，因為你已經給予他們做出這些決定
時所需的技巧。而你的信任將會得到回報。有一位使用「我
能解決問題」的十歲孩子就告訴我：「我現在如果做錯事，
再也不擔心該怎麼跟父母說了，因為我相信他們絕不會傷害
我。」

聽到這段話時，我感到非常興奮。

總 結

- 當你使用「我能解決問題」的方式跟孩子談話時，
你必須問自己：「我是在告訴他或是在問他心裡的感
受？」「我是在告訴他、還是在問他接下來該怎麼
做，以及如果他做了可能將發生的事？」
- 你到最後可縮短「我能解決問題」的對話，而以單一
問題或是詞句來表示，譬如：「你能想出不同的方
法來告訴我（或他）你心裡的感受嗎？」「你能採
取（先採取）什麼行動來解決這個問題？」以及
「當……時，可　能（將）會發生什麼事？」
- 避免在情緒激動時進行「我能解決問題」的對話。你
的孩子有可能對你說的話完全充耳不聞。請務必等到
孩子冷靜下來時再進行。你自己可能也希望冷靜一

下。

- 幫助孩子學會思考他們的行為也能有助於你進一步思考自己的行為——跟同事、朋友、配偶、以及孩子之間的相處。

- 任何會在有意或無意之間傷害孩子的心理及身體的方式,將讓孩子產生一種試圖以傷害他人來重新獲取控制權的需求,或許也會導致逃避及完全不回應。

‖第十一章‖

「我能解決問題」測驗

當父母將說明轉變成問題時，
孩子也能將問題轉變成有待解決的問題。

　　既然我們已經確定了所有「我能解決問題」的技巧，也瞭解了單獨及合併使用的方式，我們現在就來看看各位還記得多少。我製作了一份測驗，幫助各位瞭解自己是否能明確地區別「我能解決問題」和「威權法」、「建議法」以及「說明法」之間的差異。

　　以下是一些青春期前的孩子會面臨的典型問題。每種情況的後面都緊接著本書中描述過的四種教養方式的一或多種代表性反應。各位不妨看看自己是否能分辨得出來。在你找出使用「我能解決問題」的例子後，你就可以加以利用，並當成是到目前為止學過的全套「我能解決問題」對話的縮短版。各位可在每種「問題情況」的後面找到解答。

🔒 孩子與手足之間的問題

【妒忌】一位八歲的小女孩很妒忌自己的雙胞胎弟弟，她不滿地說：「他在外過夜的次數比我多。」你會回答：

(1) 妳有很多朋友想邀請妳去過夜啊。

(2) 不要吃醋了。妳有一些弟弟沒有的東西呢。

(3) 妳有什麼會讓妳覺得非常快樂的東西呢？

(4) 妳什麼時候才能不再抱怨弟弟呢！

【解答】

(1) 說明法

(2) 說明法

(3) 問題解決法（我能解決問題）

(4) 威權法（一種反諷的方式）

【心煩】八歲的湯姆覺得很煩，因為他六歲的妹妹貝絲又跑來鬧他。他氣得對她尖叫：「給我滾開！」你會對貝絲說：

(1) 這個時候不要來煩你哥哥。他正在做功課。

(2) 如果妳再這樣吵哥哥的話，妳就必須回自己的房間了。

(3) 妳現在為什麼不做自己的功課呢？＊

(4) 現在是跟哥哥談話的適當時機嗎？

＊雖然這也是一種以問句進行的回應方式，卻不能真的算是一道探詢資訊的問題。孩子並沒有機會提出自己的想法。

【解答】

(1) 說明法

(2) 威權法

(3) 建議法

(4) 問題解決法（我能解決問題）

你會對湯姆說：

(1) 不要那樣吼妹妹。這種態度很不好。

(2) 你能想出什麼不一樣的方式來告訴妹妹你心裡的感受嗎？

(3) 我決不許你那樣跟妹妹說話！

(1) 說明法
(2) 問題解決法（我能解決問題）
(3) 威權法

【全是他的錯】一位八歲的小女孩無論什麼事都要怪到弟弟身上，包括在玩棋盤遊戲時骰子沒丟好。「他害我丟不好。」她嘟噥著。「他的棋子老是妨礙我。」你會對她說：

(1) 這並不是弟弟的錯。我們全都偶爾會丟骰子丟得不理想。

(2) 如果妳再這種態度，弟弟就不跟妳玩囉。

(3) 不要再鬧小孩子脾氣啦！他又不是故意要惹妳不高興。

(4) 如果妳認為他的棋子妨礙到妳了，妳可以跟弟弟說什麼呢？

(5) 如果妳再繼續將什麼事都怪到弟弟身上，可能會發生什麼結果呢？

【解答】
(1) 說明法
(2) 說明法
(3) 威權法（輕視的方式）及說明法
(4) 問題解決法（我能解決問題）
(5) 問題解決法（我能解決問題）

【為了看電視而爭吵】九歲的凱斯和他十一歲的姊姊在同一時間想看不同的節目，於是他就逕自轉到其他頻道。你會對凱斯說：

(1) 當你們兩個人在同一時間想看的節目不一樣時，你可以怎麼說或怎麼做呢？

(2) 現在就將頻道轉回去！

(3) 你對姊姊不公平。她都讓你看你想看的節目。

(4) 誰讓你有這個權利轉頻道啦？

【解答】

(1) 問題解決法（我能解決問題）

(2) 威權法

(3) 說明法

(4) 威權法（並不是真的提出問題，而是在責問）

【共用房間】九歲的艾德華和七歲的路易斯都想睡上層的床舖。你會對他們兩人說：

(1) 你們兩人能想出什麼方法來解決這個問題嗎？

(2) 不要再吵了！如果你們沒辦法決定的話，就由我來決定誰睡在上舖。

(3) 你們應該輪流。這樣比較公平。

【解答】

(1) 問題解決法（我能解決問題）

(2) 威權法

(3) 建議法及說明法

【未經許可就借用東西】十二歲的女兒覺得很煩，因為弟弟老是在她需要時霸佔著她的電腦。你會對兒子說：

(1) 你姊姊現在需要用她的電腦寫功課。

(2) 我跟你說過多少次了，不要去用姊姊的電腦！

(3) 當姊姊需要用電腦時，卻被你霸佔著，你認為姊姊會有什麼感受呢？

(4) 當你想用姊姊的電腦時，你必須先詢問她。

(5) 如果你在姊姊要寫功課時霸佔著她的電腦，可能會發生什麼結果呢？

【解答】

(1) 說明法

(2) 威權法

(3) 問題解決法（我能解決問題）

(4) 建議法

(5) 問題解決法（我能解決問題）

🔒 朋友或同學之間的問題

【輕率】

1. 儘管你已經告誡過你的十一歲兒子，但他還是問你是否可以在星期天早上九點時打電話給他的朋友。你會對他說：

(1) 你的朋友可能還在睡覺呢。晚一點再打。

(2) 如果你把朋友吵醒了，他可能會很生氣呦。

(3) 如果你把朋友吵醒了，你想你的朋友會有什麼感受呢？

(4) 你做事真是非常欠考慮。我告訴過你啦，現在不准打電話給他！

(5) 這是打電話給他的適當時機嗎？

【解答】

(1) 說明法及建議法

(2) 說明法

(3) 問題解決法（我能解決問題）

(4) 威權法

(5) 問題解決法（我能解決問題）

2. 你的十二歲兒子決定去高中查詢游泳池開放的時間，但他的朋友在五分鐘之內就要到家裡來玩電動遊戲了。你會說：

(1) 如果朋友來的時候你不在家裡，你的朋友會有什麼感受呢？

(2) 如果你不在家的話，你的朋友會覺得很生氣的。

(3) 如果你用這種方式對待朋友的話，你將失去所有的朋友。

(4) 在朋友就快來找你之前離開不是一種很禮貌的做法。

(5) 現在是外出的適當時機嗎？

【解答】

(1) 問題解決法（我能解決問題）

(2) 說明法

(3) 說明法

(4) 說明法

(5) 問題解決法（我能解決問題）

3. 你的十二歲女兒不還東西，譬如：一本她的同學寫作業時需要用到的書。你會說：

(1) 如果妳不準時還東西的話，將沒人願意借妳東西了。

(2) 如果妳現在不將她的書還她的話，可能會發生什麼結果？

(3) 那個女孩會對妳非常生氣的。＊

(4) 如果妳霸佔著她的書，妳認為她會有什麼感受呢？

＊如果孩子回答：「她就不會跟我做朋友了，」或是「她不會再喜歡我了，」你可以問她：「還可能發生其他什麼結果呢？」這麼做的目的是讓孩子更敏銳地察覺自己的行為對他人可能造成的影響，而不只關心自己可能遭到的後果。如果有必要，你還可以再問她下面這段話來引導她：「如果她沒辦法準時完成作業的話，可能會發生什麼結果呢？」

【解答】

(1) 說明法

(2) 問題解決法（我能解決問題）

(3) 說明法

(4) 問題解決法（我能解決問題）

【信賴感被破壞】你的十歲女兒因為被朋友將她的秘密洩露給另一個女孩而感到很難過。你會說：

(1) 跟她說，她破壞了妳對她的信賴，讓妳覺得非常難過。

(2) 如果妳害怕去跟她說妳覺得很難過的話，叫一個朋友去跟她說。

(3) 如果妳不告訴她妳心裡的感受的話，她將持續做出類似的事情。

(4) 當有人對妳做了這種事之後，妳能做什麼或說什麼呢？

【解答】

(1) 建議法

(2) 建議法

(3) 說明法

(4) 問題解決法（我能解決問題）

【友誼被破壞】你的九歲女兒嘟嚷著：「我最要好的朋友比較喜歡新來的小孩。」你會說：

(1) 告訴她，這種情形讓妳覺得不舒服，而且妳還是很希望當她的朋友。

(2) 這種情形讓妳很難過，是嗎？

(3) 妳對這種情形有什麼感受呢？

(4) 妳也可以跟那位新來的小孩當朋友啊。

(5) 妳必須做什麼或說什麼才能維持跟她之間的友誼呢？

【解答】

(1) 建議法

(2) 說明法

(3) 問題解決法（我能解決問題）

(4) 建議法

(5) 問題解決法（我能解決問題）

【未經徵詢就擅自拿走東西】你的八歲女兒跟你抱怨：「她拿走了我的午餐盒。」你會說：

(1) 告訴她，如果她不還妳的話，妳就再也不跟她做朋友了。

(2) 告訴老師。

(3) 妳必須怎麼做或怎麼說才能讓她將東西還妳呢？

(4) 不要再跟她玩了。她不是一個有規矩的小孩。

【解答】

(1) 建議法

(2) 建議法

(3) 問題解決法（我能解決問題）

(4) 建議法及說明法

【遭受欺負】你的九歲女兒嘟嚷著：「她會用粗話罵我。」你會說：

(1) 妳必須學會不去理會這種事情。＊

(2) 告訴老師。＊

(3) 妳必須以牙還牙啊。不要只會逆來順受。＊

(4) 妳必須怎麼做或怎麼說才能讓她不再欺負妳呢？

(5) 問她為什麼要這麼做。

＊這些建議提供了不同的意見，但仍然是同一種處理方式。父母還是在幫孩子思考解決辦法。

【解答】

(1) 建議法

(2) 建議法

(3) 建議法

(4) 問題解決法（我能解決問題）

(5) 建議法

【不當的指責】你的十二歲兒子回家抱怨，他在學校因為一些他並沒有做過的事情而遭到指責。你會說：

(1) 告訴大家，敢做就要敢擔。讓你承受這種指責並不公平。

(2) 告訴老師事情的經過。

(3) 問必須為這件事負責的人為什麼要讓你承受這種指責，接著告訴他你心裡的感受。如果你不這麼做的話，他會以為下次也能僥倖逃脫。

(4) 你要怎麼做才能讓必須為這件事負責的人瞭解你心裡的感受呢？

【解答】

(1) 建議法及說明法

(2) 建議法

(3) 建議法及說明法

(4) 說明法

(5) 問題解決法（我能解決問題）

【告密】你的八歲女兒被公認為是一個愛搬弄是非的人。你會說：

(1) 如果妳再繼續搬弄其他人的是非，妳將交不到半個朋友。

(2) 如果妳去搬弄別人的是非，他們也會反過來說妳的閒話。

(3) 如果妳說某個人的閒話，對方可能會有什麼感受呢？

(4) 如果妳再繼續搬弄別人的是非的話，可能會發生什麼結果呢？

【解答】

(1) 說明法

(2) 說明法

(3) 問題解決法（我能解決問題）

(4) 問題解決法（我能解決問題）

父母和子女之間的問題

【沒有責任感】

1. 你的十一歲女兒忘了轉告電話留言。你會說：

(1) 妳什麼時候才會記得轉告我們誰打過電話來！

(2) 別人會認為我沒興趣跟他們說話。

(3) 別人會認為妳很沒有責任感。

(4) 妳必須怎麼做才能記得轉告我電話留言呢？

【解答】

　　　　(1) 威權法

　　　　(2) 說明法

　　　　(3) 說明法

　　　　(4) 問題解決法（我能解決問題）

2. 你的十歲兒子將他的腳踏車留在戶外淋雨。你會說：

(1) 如果你將腳踏車留在戶外淋雨，可能會發生什麼結果呢？

(2) 你的腳踏車如果碰到水的話，很可能會生銹。

(3) 你在家裡難道就不能做點像樣的事！

(4) 如果你的腳踏車壞掉的話，你會非常心疼的。

【解答】

　　　　(1) 問題解決法（我能解決問題）

　　　　(2) 說明法

　　　　(3) 威權法

　　　　(4) 說明法

【說謊】你的十一歲兒子堅持打破窗戶的人不是他—扔那顆球的是另一個男孩。你會說：

(1) 你對這件事說謊讓我覺得非常生氣。

(2) 當你不說實話時，你認為我會有什麼感受呢？

(3) 你不聽我們的勸阻，照樣對著屋子扔球，就已經夠糟糕了。現在你還對這件事說謊。

(4) 你將必須用自己的零用錢來賠償這筆費用。

(5) 那天布萊德並不在這裡。你又說了第二個謊。

【解答】
(1) 說明法
(2) 問題解決法（我能解決問題）
(3) 威權法
(4) 威權法
(5) 威權法

【莽撞】妳的八歲女兒在週六早晨打開妳的臥室門，跑進來叫醒妳和妳的丈夫。妳會說：

(1) 妳要到什麼時候才能學會看到我們的房門關著時不可以進來！

(2) 我們的房門如果關著的話，除非真的是有很重要的事，否則妳必須待在門外，。

(3) 如果妳不能待在房門外的話，我們就必須將門鎖上了。

(4) 我們醒來之前，妳為什麼不先玩妳的扮家家酒呢？

(5) 妳在等我們醒來之前能做些什麼呢？

【解答】

(1) 威權法

(2) 建議法

(3) 威權法

(4) 建議法

(5) 問題解決法（我能解決問題）

【頂嘴】

1. 妳的九歲兒子對他的父親說：「這種做法真蠢。」他會說：

(1) 不要跟我頂嘴！我是父親，你是小孩。你難道連這點都不懂！

(2) 當你跟我頂嘴時，我覺得非常難過。

(3) 你能想出不同的方法來告訴我你心裡的感受嗎？

(4) 你有聽到自己剛才說的話嗎？你一定得學會如何跟別人談話，要不然沒人會想跟你說話的。

【解答】

(1) 威權法

(2) 說明法

(3) 問題解決法（我能解決問題）

(4) 說明法

2. 妳告訴八歲的女兒，除非她寫完功課，否則那天下午不能跟她的朋友去玩。她於是說：「媽咪，我恨妳。」妳會說：

(1) 我不恨妳。

(2) 我知道妳現在在氣頭上，但妳還是得將功課寫完。

(3) 當妳用這種態度跟我說話時，妳認為我會有什麼感受呢？

(4) 妳能想出一個不同的方式來告訴我妳心裡的感受嗎？

【解答】

(1) 說明法

(2) 說明法

(3) 問題解決法（我能解決問題）

(4) 問題解決法（我能解決問題）

3. 你的九歲兒子認為他比妹妹更常被你懲罰，因此跟你抗議：「你偏心。」你會說：

(1) 不，不是這樣的。我對你們兩個人的愛都一樣。

(2) 你如果更懂事的話，就不會這麼想了！

(3) 你為什麼會這麼想呢？

【解答】

(1) 說明法

(2) 威權法（反諷的方式）

(3) 問題解決法（我能解決問題）

　　最後一道問題。有些父母有能力跟孩子用「我能解決問題」對話，但卻無法堅持到底。舉例來說，他們並沒有持續使用「問題解決法」，反而轉換成「說明法」或「建議法」。以下就是一段一位父親和他十一歲的兒子傑洛米之間依發生在學校中的事件所進行的談話。父親在剛開始時的確是使用「問題解決法」。請仔細讀這段談話，然後看看你是否能發現他是在何時捨棄了這種方法，以及他又開始改用哪一種方法。

傑洛米：亨利和我玩摔角，他卻故意用力打我。

(1) 父親：發生這種情況時，你心裡有什麼感受？

　　傑洛米：生氣。

(2) 父親：你怎麼處理這件事呢？

　　傑洛米：我告訴老師。

(3) 父親：不，不要這麼做。亨利會很生氣，而你也將失去一位朋友。你只要跟他說，他如果不能公平地跟你比賽的話，你就不再跟他玩摔角了。

如果你看出傑洛米的父親是在第三次提出意見時停止使用「我能解決問題」的，你就是正確的。如果你也看出他開始轉而使用「建議法」及「說明法」，你也答對了。

傑洛米的父親必須怎麼做才能以「問題解決法」來完成這段談話呢？

當你和孩子對於「問題解決法」都已經能夠運用自如時，你們就能縮短這種談話，甚至只需簡單說一句：「我們用『我能解決問題』來處理。」你可能很快就會聽到孩子也將這句話掛在嘴邊。

請記住，「我能解決問題」是一種程序；重點不在於內容。藉著將說明轉變成問題，你就可以幫助孩子學會如何思考。這將有助於他將自己面臨的問題轉變成有待解決的問題。

如果你在這項測驗中的二十二道問題裡面答對了至少十五道，你的家庭現在就已經算是一個正式的「我能解決問題」家庭。

恭喜你們了！

‖ 尾聲 ‖

阻止青少年時期的嚴重問題：
毒品濫用、未成年懷孕、暴力問題

能夠解決重要問題的孩子
日後也將有能力解決生命中的重大問題。

　　本書主要著重於在一般家庭的日常生活中會出現的問題。我們已經看到，對於類似尼可拉斯這種已經適應良好並有能力的問題解決者，「我能解決問題」的方法可幫助他們在人際關係技巧方面變得更純熟。這種方法也能幫助像莎拉這類侵略性很強的孩子變得更具同理心，懂得控制自己的火氣，並成為更好的問題解決者，讓他們也能跟其他人和睦相處。而對於唐娜及跟她類似的孩子來說，這種方法則能幫助他們變得更果斷，更能夠表達自己的想法及感受，並用更熟練的技巧去探索他們的人際關係世界。

　　儘管莎拉和唐娜在情感與社交方面都遇到困難，但隨著她們長成青少年及成人，她們將有能力找出自己的解決方法。但有些孩子（尤其是那些侵略性更極端、社交方面更畏縮的孩子）如果缺乏幫助，將不可能如此幸運。有些孩子很快就放棄自己；從學校退學、懷孕、開始濫用毒品，並發現自己陷入沉淪的深淵中。

　　在這個章節中，我將向各位證明，「問題解決法」能有效遏制我國的青少年問題——包括毒品濫用、未成年懷孕以及暴力問題，使其不至於繼續惡化。

但在討論有關「我能解決問題」這方面的應用之前，我希望提醒各位儘可能去留意一些警訊，從而瞭解自己的孩子是否有可能正遭遇嚴重的青少年問題。我們已經討論過其中一些警訊：非言語線索方面的改變，譬如：說話的語氣及身體的姿勢，以及長期反社會或孤癖的行為，包括無力結交朋友。

　　其他重要的警訊還包括：

- 無力或不願表達自己的想法及感受
- 患有兒童憂鬱症
- 學業退步
- 與家庭、學校、社區疏離
- 暴力的受害者
- 無法控制自己的脾氣
- 與其他同儕間的關係存在有嚴重的問題
- 虐待或撲殺動物
- 不當的取得或持有槍械

　　正如美國教育部在其出版品《早期警訊，適時回應：安全校園指南》(*Early Warning, Timely Response: A Guide to Safe Schools*) 中所討論並發送給全國各地學校的訊息中指出的，如果孩子出現以上危險因素中的任一項，並不表示他將在未來幾年中遭遇問題。大部分真的在青少年時期染上毒品、懷孕，或有暴力問題的孩子通常會出現一種以上的早期警訊。

　　但研究結果也的確指出，這些問題並不會自行消失。甚至連學齡前兒童，如果出現嚴重或經常性的高風險行為，也可能需要更多專業協助，包括家人、朋友、教堂或其他宗教團體等社區機構給予情感方面的支持。「我能解決問題」則能為專

業協助及情感支持更添助力，如果能瞭解這點，你就能扮演關鍵性的角色，並協助你的孩子為青少年時期預先做準備及長大成為一位健康、有適應力、成功的大人。

🔒 毒品、香煙和酒精

「拒絕誘惑。」
「拒絕毒品。」

我們對這些口號已經耳熟能詳。它們讓這類問題變得似乎很單純——但我們全都心知肚明，毒品濫用的問題沒這麼容易解決。

這些口號是「建議法」的最佳示範——告訴年輕人什麼該做及什麼不該做。我們已經瞭解這種方法的效果極為有限。首先，建議通常會被當成耳邊風。再者，這類口號既無法刺激年輕人自己去思考應不應該使用毒品的原因，也無法鼓勵孩子想出能採取什麼方式來代替吸毒。

最後一點，過分單純化的口號忽略了同儕壓力的事實。為什麼有些青少年和更小的孩子會覺得有必要屈服於這種壓力呢？他們可能純粹是不喜歡自己。也許他們一直沒辦法成功地結交到自己喜歡的朋友，而且感到孤單及挫折，於是轉向一群他們認為可能會成為他們的朋友的同儕。但唯一能確保自己被這些新朋友接納的方式就是遵從他們的命令。

擁有這群所謂的「朋友」有助於孩子感到有自信——一種和他們嘗試毒品時一樣會體驗到的人工快感。也難怪同儕團體的影響力會如此強大了。但一旦毒品的效果逐漸消退之後，對這種人工快感的需求又會再度浮現，周而復始之下，

孩子就會對毒品本身上癮——現在可能已經變得比他們對團體的「癮頭」更強烈了。這類孩子已經對自己的生活喪失控制權。他們只會隨波逐流，他們沒辦法、也不願意去思考自己的行為可能產生的後果，有些甚至不在乎。

我們要如何預防情況演變成這種結果呢？

答案並不是向孩子說明為什麼毒品很危險——他們早就知道了。舉例來說，我曾經問過幾個八、九歲的孩子對毒品的看法。以下就是他們的回答：

- 毒品對我們很不好。我們可能會因此生病及死亡。
- 毒品對我們的健康有害。吸毒的人全都會死掉。毒品會讓你做出各種不應該做的事。甚至可能會讓你做出危險的事情，甚至像是殺人之類的。販賣毒品的人更壞。他們是害別人死掉的人。
- 你可能會去撞牆，以致你的腦袋受傷。

當我問這些孩子，等他們再大一點時，如果有人邀請他嘗試毒品的話，他們會做什麼或說什麼，他們則回答：

- 我將會說：「不要。」我可能會因此死掉呢。
- 我會直接回答：「我不做這種事。」然後就走開。如果他們再糾纏我的話，我就會坐上我的車，然後快速閃人。
- 我就不再跟他們做朋友了。你應該先好好想一想，思考一下未來。
- 我會說：「我大概不想再跟你們這群沒用的人在一起了。」

　　孩子在瞭解毒品的危險方面極有悟性。他們也非常熟知吸煙及酗酒的危險。事實上，許多青少年都曾經告訴我，在上健康教育課時，當老師嘀嘀咕咕地講述有關為什麼他們不應該喝酒或是吸煙時，他們都忙著寫自己的家庭作業。一位國三的學生甚至還向一家報社的記者建議：「他們應該讓小孩子參加小組討論，讓我們有機會聽取彼此的看法。」

　　但要讓這種想法能發揮效用，孩子必須擁有必要的技巧，才能真正瞭解彼此的看法、徹底思考情況，並制定一套次序性計劃。「建議法」或「說明法」都不能取代獨立思考的能力。「我能解決問題」的訓練則能提供孩子這些技巧及做出正確選擇的自信。這種訓練也能賦予他們內在的力量，讓他們不再需要人工快感，並有能力遠離同儕的壓力。

　　當我要求唐娜創作出一則包括次序性計劃的故事，並在其中詳細描述她將如何解決朋友強迫她吸煙的問題時，她說出了以下這則故事：

　　有一個名叫艾咪的女孩正在唸小五。在學期結束時，她的朋友問她：「嘿，艾咪，我們在放學後全都要去吸煙，妳想加入嗎？妳不必回答，只要去就行了。」她們那天等艾咪等了許久。由於她們一直都沒看到她，於是懷疑她是不是發生了什麼事。她的朋友寶拉當天就打電話給她，問她：「妳放學後怎麼沒來跟我們一起吸煙呢？」艾咪說：「我才懶得去做這種事。比起因為吸煙而得肺癌我的人生還有更重要的事。」寶拉說：「噢，艾咪，別傻了。不過一天吸個一、兩根煙而已。沒什麼關係的。」艾咪說：「的確有關係，噢，關係可大了。」寶拉此時開始取笑她，對她說：「艾咪，如果妳

不吸煙的話，妳就不酷了，」而艾咪說：「我不必做那種事來讓自己顯得很酷。」她告訴朋友，她將要去找校長史伯茲先生，讓他知道這些女孩在校園裡吸煙。第二天，艾咪跟史伯茲先生一起去找她的朋友，他對這些吸煙的女孩說：「妳們全都被停學了。」當她們的父母發現時，他們帶這些女孩去醫院檢查，而醫生說她們全都因為吸煙而得了肺癌。她們的父母對此不敢置信。艾咪也為她們感到悲傷，但她還是設法告訴她們。艾咪找到了不會吸煙的朋友，而她現在很篤定，她將永遠都不會吸煙，也因此她絕不會因為吸煙而送命。

在香煙、毒品、及酒精進入你的孩子的生活之前，以下是幾件你可以努力的事：

- 積極地協助孩子從網路或是圖書館中收集有關毒品、酒精、及香煙的影響與危險的資料。
- 跟孩子玩角色扮演，假裝遇到類似在一場派對上被提供香煙、大麻、或是酒精的情況。要求孩子想出必須怎麼做才能拒絕誘惑，而不至於沉迷在這類活動中。
- 幫助孩子瞭解，達到法定飲酒年齡的人的應酬喝酒跟不適宜的沉溺之間有何差異。
- 幫助孩子去想像，從毒品、吸一包煙、或是酗酒獲得快感可能是什麼樣的感覺。

你也可以要求孩子思考，如果他做出這些事，可能會有什麼結果。而如果他的回答類似這樣：「感覺會很好啊。」就再要求他想出能夠「感覺很好」的不同方式。

　　當我比較年輕時，只有我自己想出的方式對我才行得通。我的家人及朋友使出的任何恐嚇手法亦或說明都不能說服我不再吸煙。我必須自己決定戒煙，而且還必須以自己的方式進行。一旦我自己做出了這種決定，我就開始想像柳橙的味道。我會在心裡這麼想：「從柳橙噴出的汁液比起香煙的味道不知清新多少倍呢。」我從一九八四年的晚上七點三十分開始就再也沒吸過一根香煙了──因為決定戒煙的人是我自己。

🔒 不安全的性行為及青少年懷孕

　　青少年知道如何預防懷孕，他們對這點的瞭解跟對吸煙、使用毒品、或酗酒的危險一樣清楚。幾項研究報告發現，在性行為頻繁的青少年中，不使用避孕措施的人對於避孕藥、保險套、及體外射精等的瞭解跟確實會使用這些方法的人似乎不相上下。就連大部分參與這些研究的已懷孕年輕女孩都知道，從何處可以取得這些避孕用品，以及這些方法可能達到的成效。然而，儘管有這種知識，而且避孕用品也垂手可得，青少年懷孕的比率還是居高不下。在過去幾年中，在更年輕的青少年中更增加了百分之二十七。同樣令人驚慌的發現還包括，甚至連在生產後接受過密集家庭計劃教育的女孩還是在二至三年後又再度懷孕。

　　在一項由歐吉尼・法賀第及她的同事所做研究發現，從事不安全性行為的女孩跟那些並未從事性行為，或是使用避孕措施的人比較之下，較無能力事先計劃，也相信懷孕是自然而然的結果，芭芭拉・史丹勞夫也發現了這些缺失。不使用避孕措施的人在解釋自己懷孕的事情時會使用以下這些藉口：

- 我外出旅遊時就忘了要帶我的避孕藥
- 我將存起來要買避孕用品的錢用在其他事物上了
- 我將子宮帽（diaphragm 女性用保險套）放在一個包包裡，而我卻誤拿了另一個包包
- 我不斷拖延進入的時間，結果卻太遲了

而相較於有節制的人，以及性行為頻繁但會確實奉行安全性行為的青少年來說，這些女孩對於與懷孕無關的問題（包括如何結交朋友或是慫恿一位意願不高的朋友去看一場電影等）也比較不能想出變通性的解決辦法以及次序性計劃。假如這些女孩不能制定計劃以及對日常生活中的問題想出解決辦法，她們對如此重大的問題也將同樣無力處理。

雖然不使用避孕措施的人想像得出可能會發生什麼後果（她們知道自己可能會懷孕）她們卻不能或是不願意去思考其他的辦法。這種缺點再加上對於可能發生在自己身上的事情缺乏主控權，這無疑更大幅助長了確實發生在她們身上的結果。

與青少年懷孕有關的討論很少會問：「造成這些女孩懷孕的根本原因是什麼？」但這卻是一個很重要的問題。青少年、甚至一些更年幼的孩子可能會因為各種不同的原因而發生性行為。他們可能希望吸引某位異性，也或許他們開始性行為的原因跟其他借助毒品及暴力的人一樣：他們無法拒絕，他們必須覺得自己很重要、釋放被壓抑的怒氣、或是緩和更深沉的沮喪。有些女孩把懷孕當成是重新控制一個她們認為不利於自己世界的方式，這跟其他孩子訴諸暴力的原因完全一樣。

良好的次序性計劃技巧能幫助這些女孩思考自己的長期目標、達成這些目標的時間、以及可能導致懷孕的性行為對達

成這些目標可能造成的阻礙。

　　思考外在後果（譬如：偷竊被逮、或是由於不安全的性行為而懷孕）並無法制止許多青少年，讓他們不去做這些事情。不能控制自己的行為或是需要即刻滿足感的青少年不會去思考自己的行為對未來人生可能造成的影響。而且這也不再僅止於單一女孩的問題。在現今的社會中，不安全的性行為可能會導致染上諸如皰疹或愛滋病等的性傳染疾病，暫緩行動並超越即刻的滿足感，而從更長遠的角度去思考，這對男孩跟女孩一樣重要。

　　為了幫助孩子能夠清楚地思考在未來幾年中將浮現的有關性行為方面的問題，而且不只鼓勵安全的性行為，甚至培養節制的態度，以下是幾件你能夠努力的事：

- 傾聽孩子對於性行為已經有的瞭解，包括安全及不安全的方式。
- 瞭解孩子是否已經明白有關保險套這類性行為保護措施的缺點。
- 幫助兒子及女兒學會根據現有的潛在後果、以及這些後果對他或她未來的計劃可能造成的阻礙對不安全的性行為想出變通性的解決辦法。請記住，即便孩子瞭解了潛在或可能的懷孕後果，他們可能還是會冒這種風險——尤其當他們不能暫緩滿足感、對自己感到不安全、或對周遭的世界感到憤怒。

🔒 青少年暴力

　　父母不會希望自己的孩子成為引發爭執、作弄、或霸

凌其他孩子的人。他們也不希望自己的孩子成為霸凌的受害者。但幾乎每個參與我們的研究計劃的孩子最關心的一件事卻正是——成為班級霸凌的受害者。

研究結果指出，每七個美國學童中就有一位（幾乎有五百萬個小孩）是霸凌者或是霸凌受害者。一項調查發現，百分之六十的中學生表示，他們至少曾經受過一位霸凌者的騷擾。約翰・胡佛對霸凌做過深入研究，他也指出，百分之十至十二的小孩認為自己在學校的生活非常悲慘，他的結論是：「我不認為那是小孩必須經歷的情況。」

我們曾經看過莎拉脅迫其他孩子，但跟她比起來，還有很多孩子的行為更令人憂慮。他們作弄同學的次數更多、也更嚴重，對其他人做出嚴重傷害或甚至致死行為的危險性也更高。雖然大部分出現霸凌行為的孩子在日後並不會變成暴力份子，但其中卻有許多人會在進入青春期及成人後覺得有控制其他人的欲望——並將不受他人喜愛。

我輔導過的孩子以及一些參與由《霸凌與受害者》(*Bullies and Victims*) 的作者蘇・艾倫・佛瑞德所主持的研討會的小五生就告訴我們，有以下行為的孩子不僅會受到其他人的排斥、而且還令人害怕：

- 會抓傷、咬傷、毆打其他人及丟擲物品。
- 威脅要傷害其他人。
- 偷竊或破壞東西。
- 讓其他人惹上麻煩。
- 取笑其他孩子的穿著、膚色、體重。
- 愛說長道短及散佈謠言。
- 譏笑、或戲弄其他孩子、或對他們扮鬼臉。

- 在運動競賽中作弊、嘲笑其他隊伍。
- 說家人的壞話，包括已過逝的家人。
- 故意忽視或排擠其他正設法參與競賽或加入團隊的人。

　　儘管跟女孩比起來，有霸凌行為的男孩更常出現跟其他孩子打架及造成肢體傷害的情形，但《讓霸凌從你的學校消失》(*Bully Proofing Your School*) 的共同作者卡拉·嘉莉蒂卻告訴我們，女孩較常使用言語及心理方面的手段，譬如：不讓某位同學參加生日派對或製造某種傷人的謠言。

　　就像我們在第五章中介紹過的，有些孩子對於霸凌背後的真正原因有令人驚喜的理解力。他們的許多見解與專家提供給我們的非常類似：

- 權力絕對是霸凌行為的首要問題。
- 霸凌者從削弱其他人的重要性中覺得自己很重要。
- 霸凌行為是一種試圖取得同儕地位的舉動。
- 受到同儕排斥的霸凌者會與也同樣是霸凌者的人為伍，而兩者會藉由將自己的行為，把自己想成很有「男子氣概」來助長彼此的行為。
- 雖然霸凌者可能是以傷害其他人來求援，卻無法對別人的痛苦感同身受。

　　由於這類行為幾乎無可避免地會遭到同儕排斥，因此有極大的可能將在日後演變成更嚴重的暴力行為。我們對這類行為必須加以關注，並防患於未然。但要如何進行呢？

　　我曾經看過一部有關一位較大的男孩在操場上霸凌另一

個較年幼男孩的影片。雖然附近就有幾位成人的助教，但卻沒人出面阻攔。校長在受到詢問時只簡單地說：「男孩就是這樣嘛。」也許在現今的社會風氣下，老師及其他管理單位都害怕插手這類事情。也許教育當局也害怕遭到霸凌孩子的父母控告。或者也許教育工作者沒有處理這類情況的專業知識。我卻篤信，他們必須介入——而且他們的處理方式極為重要。

有一所學校的管理單位實施「零容忍」原則——即使是第一次犯錯都必須施以停學處分，希望能藉此制止其他學生出現相同行為。也因此，一位十一歲的男孩在打了同學幾次之後就被停學兩星期；但卻沒人跟這名男孩討論他做的事情及瞭解原因。等到他返校上課時，他比當初離開時更為憤怒，而且果然不出所料，他將自己的怒氣發洩在一位他認為是害他惹上麻煩的男孩身上。情況因此變得不可收拾，而那名男孩最終也只得轉學，永遠離開這所學校了。

但另一端的做法——完全不介入，對受害者及霸凌者來說，也會產生潛在性的嚴重後果。受害者在未來歲月中可能會對學校留下不愉快的回憶，他們也可能會變得消沉，或甚至在日後由於要彌補自己對他人的恐懼，以致自己也變成霸凌者。

說到霸凌，還記得最近發生在阿肯色州的瓊斯波羅鎮、密西西比州的珍珠鎮、肯塔基州的帕度卡鎮、賓州的愛丁波羅鎮、奧勒崗州的史賓菲爾德鎮以及科羅拉多州的林特頓鎮等地的事件嗎？上述這些小鎮中的學齡男孩對於自己遭到家人或同儕的排斥感到極為憤怒及受挫，以致取得槍械並在學校到處掃射，殺死了同學、老師、及父母。據報導，所有這些男孩（最年幼的只有十一歲）都曾經警告過學校當局，他們將做出某件「重大」的事情；有些甚至還揚言自己將會殺人。卻沒人

注意傾聽。似乎也沒人關心。

　　也許這些男孩只是需要有人聽他們的心聲。但他們遇到的大人卻都不願傾聽，這必定發送了一種訊息給他們：「我們不關心你心裡的想法。我們沒把你當一回事。」或者是：「我們不希望被牽涉進去。」也許這些男孩之中有一些人正飽受痛苦，因此覺得自己求援的聲音受到漠視。由於別無他法，於是傷害他人變成取得關心的唯一方式。

　　完全不表達想法及感受也可能造成同樣破壞性的後果。在賓州匹茲堡市，有一位十五歲的男孩受到一位同學的霸凌長達三年。跟上述那些男孩不同的是，這名男孩一直將痛苦隱藏在內心。一天，他帶了一支槍到學校去，並在其他同學面前射殺了那名霸凌者。假如這名男孩在更年幼時曾經被鼓勵將自己的想法及感受表達出來，而在他周遭的成人也曾經留意過，他正受到某種事情的困擾，也許（只是也許）這椿悲劇就得以避免了。

　　儘管機率低許多，但女孩確實也會犯下極端暴力的罪行。在費城，有一個青少女，據說她極渴望朋友，最後也認為自己終於找到一位了。但那名「朋友」卻和另一個同齡孩子聯合起來，不但拿走了她的球鞋，還不斷作弄她，這名女孩在氣極敗壞下竟殺了她。在警方偵詢時，那些在這名兇手更年幼時認識她的人都說，她相當安靜，而且不會吐露自己心裡的感受。我對此並不驚訝。任何將事情隱藏在內心好幾年的人就像一壺水一樣，煮到最後蓋子一定會砰然彈開。

　　渴望有朋友的女孩有時也會變成暴力行為的受害者，而不是加害者。有一位寂寞、被孤立的十四歲女孩緊抓著一群女孩，並極力去討好她們；她們卻轉而對付她。這群女孩的領導者率先對她進行肢體攻擊，而其他人則在一旁被動地觀看，並

未出手搭救她，她們是害怕會遭到攻擊亦或排斥嗎？她們呆立一旁是因為不知道該採取什麼行動嗎？她們有在思考嗎？

　　青少年不會在某一天就忽然決定要去傷害或殺死某個人。他們的怒氣及挫折感必定已經累積了好幾年，而且他們感到無法控制自己的人生。試想一下，如果這些年輕人在更年幼時曾經受到鼓勵去思考自己及其他人的感受，及解決對自己重要的問題，他們對自己及世界的感覺將會有多大的不同啊。

　　這就是「問題解決法」可以提供協助之處。這套「我能解決問題」的方法不會剝奪孩子的權力，也不會以命令、威脅、及體罰來控制他們；更不會對他們祈求援助的聲音置之不理。反之，這套方法會鼓勵他們重新取回控制感、自傲、及同理心，讓自己能夠成為快樂、負責任、及有社交能力的人。「我能解決問題」非但不會強迫孩子依賴我們幫他們解決問題，反而能讓他們學會如何做出自己的決定，及在人生中盡早成為優異的問題解決者。「我能解決問題」的孩子具有情緒智力及能力，因此能夠處理沮喪的時刻，並瞭解應該怎麼做才能加以克服。

　　在霸凌者亦或是被霸凌的受害者演變成更嚴重的暴力或憂鬱症之前，以下是你在出現第一個警訊時可以努力的事情：

　　如果你的孩子就是霸凌者，問他：

・當你傷害其他人時，你認為對方會有什麼感受？
・你認為對方對你會有什麼想法及感受？
・你對他的感覺（受傷、憤怒、難過）有什麼感受？
・如果你繼續去傷害其他人，可能會發生什麼事？

　　尋找同理心的後果，譬如：「我可能真的會傷害到某人」，或是「我可能心裡會很不好受」而不是外在後果，譬如：「我可能會被停學」或是「我可能會惹上麻煩」。丹尼爾・葛雷曼在一場對全國學校心理輔導師協會的專題演說中，跟我們說過一則有關一個小男孩的故事，這名小男孩殺了某個人，事後他說：「如果我能感受到他的痛苦，我就不可能做出這種事了。」

　　如果你的孩子是受害者，問他：

- 當有人霸凌（作弄）你的時候，你有什麼感受？
- 你認為他心裡可能會有什麼感受？
- 你能想出他需要去做這種事的可能原因嗎？
- 當你受到某人霸凌時，你能做什麼或說什麼呢？

　　但假如孩子正陷入真正的危險中，則你就有必要告訴他，他應該將自己的情況通知老師或其他管理單位。孩子必須有能力區別，能利用「我能解決問題」來自行解決的問題跟那些必須由大人介入才能預防傷害的問題兩者間有何差異。

🔒 最後的一些感想

　　目的只在告知孩子有關毒品、不安全的性行為、以及暴力的危險的課程之所以無法奏效，原因也許在於孩子根本不願意聽。也可能是因為孩子厭惡被告知應該做什麼。

　　這也是這套「問題解決法」如此重要的原因。無論問題是毒品濫用、青少年懷孕（自我傷害）、或是暴力行為（傷害他人），孩子都必須能夠控制自己的生活，並且不讓事情變成

「必然發生的結果」。透過「我能解決問題」，孩子將學會信任自己的判斷，並培養一種內在力量，進而知道何時要跟隨其他人，以及何時必須採取獨立的行動。你的孩子現在想出的那些解決辦法及計劃可能永遠也不會真的派上用場；有些也可能到最後會證實為無效。但最重要的一點是，你的孩子在年幼時就學會了如何解決問題，而重大問題闖入她的生活在產生嚴重後果之前，他就對每一種問題都演練過了。

會思考而且也關心自己及其他人的小孩，將能更成功地結交朋友及根據自己可能發生的後果做出負責任的決定。他們將對自己的成就感到驕傲，而不是對自己的失敗感到氣餒。他們將比較不會因此屈服於他們並不想要有的「朋友」給予他們的壓力，而做了不想做的事。

也許我在第十章中提過的小六生說得最貼切：「我們必須學會自己想辦法。我們不見得隨時都能找到人來協助我們。」

請讓我知道「我能解決問題」對你的家庭有什麼樣的幫助。你可以寫信到以下地址給我：

MCP Hahnemann University
245 N. 15th Street, MS626
Philadelphia, PA 19102

或發送電子郵件給我：mshure@drexel.edu。我將樂於聽到各位的意見。

國家圖書館出版品預行編目資料

培養孩子的問題解決力 / 米娜.舒爾(Myrna B.
　Shure)作 ; 張美智譯. -- 初版. -- 臺北縣
新店市 : 世茂, 2008.08
　　面; 公分. -- (暢銷精選 ; 103)
　參考書目:面
　　譯自 : Raising a thinking preteen : the
"I can problem solve" program for 8- to 12
- year-olds
　　ISBN 978-957-776-931-2(平裝)

1.　親職教育　2.　青少年心理　3.　青少年教育

528.2　　　　　　　　　　　970011336

婦幼館 103

培養孩子的問題解決力

作　　　者／米娜・舒爾
譯　　　者／張美智
主　　　編／簡玉芬
責任編輯／李冠賢
封面設計／江依玶
出 版 者／世茂出版有限公司
負 責 人／簡泰雄
登 記 證／局版臺省業字第564號
地　　　址／(231)台北縣新店市民生路19號5樓
電　　　話／(02)2218-3277
傳　　　真／(02)2218-3239　(訂書專線)、(02)2218-7539
劃撥帳號／19911841
戶　　　名／世茂出版有限公司　單次郵購總金額未滿500元（含），請加50元掛號費
酷 書 網／www.coolbooks.com.tw
製　　　版／辰皓國際出版製作有限公司
印　　　刷／長紅彩色印刷公司
初版一刷／2008年8月

ＩＳＢＮ／978-957-776-931-2
定　　　價／260元

RAISING A THINKING PRETEEN: THE "I CAN PROBLEM SOLVE
PROGRAM FOR 8-TO 12-YEAR-OLDS" by MYRNA B. SHURE, PH.
D.,ROBERTA ISRAELOFF
Copyright:© 2000 BY MYRNA B. SHURE, PH.D.
This edition arranged with Books Crossing Borders, Inc.
through Big Apple Tuttle-Mori Agency, Inc., Labuan, Malasia
TRADITIONAL Chinese edition copyright:
2008 SHY MAU PUBLISHING CO=SHY CHAUR
All rights reserved.

讀者回函卡

感謝您購買本書，為了提供您更好的服務，請填妥以下資料。
我們將定期寄給您最新書訊、優惠通知及活動消息，當然您也可以E-mail：
Service@coolbooks.com.tw，提供我們寶貴的建議。

您的資料（請以正楷填寫清楚）

購買書名：_____

姓名：_____ 生日：_____年____月____日

性別：□男 □女　　E-mail：_____

住址：□□□_____縣市_____鄉鎮市區_____路街
　　　　_____段_____巷_____弄_____號_____樓

連絡電話：_____

職業：□傳播 □資訊 □商 □工 □軍公教 □學生 □其它：_____

職業：□碩士以上 □大學 □專科 □高中 □國中以下

購買地點：□書店 □網路書店 □便利商店 □量販店 □其它：_____

購買此書原因：____ ____ ____ ____ ____（請按優先順序填寫）

1封面設計 2價格 3內容 4親友介紹 5廣告宣傳 6其它：_____

本書評價：____ 封面設計 1非常滿意 2滿意 3普通 4應改進
　　　　　____ 內　容 1非常滿意 2滿意 3普通 4應改進
　　　　　____ 編　輯 1非常滿意 2滿意 3普通 4應改進
　　　　　____ 校　對 1非常滿意 2滿意 3普通 4應改進
　　　　　____ 定　價 1非常滿意 2滿意 3普通 4應改進

給我們的建議：_____
_____
_____

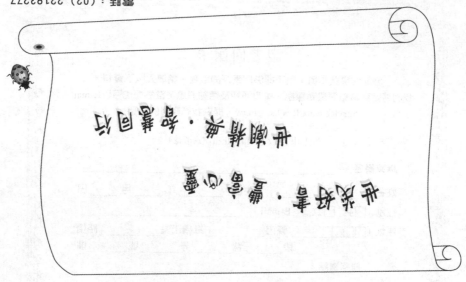

電話：(02) 22183277

傳真：(02) 22187539

廣告回函
北區郵政管理局登記證
北台字第9702號
免貼郵票

231台北縣新店市民生路19號5樓

世茂
世潮 出版有限公司 收
智富